提高成绩的数学游戏

陈书凯 ◎ 编著

中国纺织出版社

内 容 提 要

孩子数学成绩的提高，离不开学习兴趣的培养，计算能力的提升，逻辑推理能力的强化，推演能力的提高，分析判断能力的增强，空间想象能力的架构，本书在好玩的游戏中提升孩子的这些数学思维能力，提高数学成绩。

图书在版编目（CIP）数据

提高成绩的数学游戏／陈书凯编著. -- 北京：中国纺织出版社，2013.6 （2024.1重印）
（青少年脑力游戏厅）
ISBN 978-7-5064-9336-9

Ⅰ.①提… Ⅱ.① 陈… Ⅲ.①智力游戏—青年读物②智力游戏—少年读物 Ⅳ.①G898.2

中国版本图书馆CIP数据核字（2012）第255793号

策划编辑：徐屹然　　责任编辑：赵晓红
特约编辑：张　予　　责任印制：储志伟

中国纺织出版社出版发行
地址：北京朝阳区百子湾东里A407号楼　邮政编码：100124
邮购电话：010—64168110　传真：010—64168231
http: //www.c-textilep. com
E-mail: faxing@c-textilep. com
北京兰星球彩色印刷有限公司　各地新华书店经销
2013年6月第1 版　2024年1月第3次印刷
开本：787×1092　1/16　印张：12
字数：75千字　定价：36.00元

前 言

数学，也就是我们常说的算术，但计算只是数学的一个方面。严格地说，数学是研究数量、结构、变化和空间模型的一门学科，被誉为科学之母，在整个科学领域中的地位非常重要，也是青少年朋友必须掌握的学科之一。

我们经常会看到一些数学家沉浸在数学的世界里，体验数学带来的无限乐趣，但是对于面对升学压力的青少年朋友来说，数学却是一门很难掌握的学科。大多数人都是迫于学习的压力来学习数学，而不是发自内心地喜欢，所以提到数学，大多数青少年朋友心中都会有一点恐惧。因为在他们的印象中，数学带给他们的只有无限烦琐的计算和永远都做不完的练习题。

其实，数学原本是很有趣的，只是沉重的学习负担让大家来不及体验到其中的欢乐。为了提高青少年朋友的学习兴趣，很多老师都会在课堂中穿插一些充满趣味的数学游戏。这种做法确实取得了不错的效果，不仅学生们的学习兴趣得到了提高，而且通过这种游戏，他们的数学思维能力也得以提升，在面对数学难题的时候，解题的思维也会更加灵活多变。这就是数学游戏的魅力所在。

那么有人要问了，什么叫做数学思维？为什么数学游戏会提高青少年的数学思维呢？

所谓的数学思维，就是老师们口中经常提到的“数感”，也就是在教学的过程中，学生根据已知的数学资料，然后进行非常形象的数学构思，最后形成的一种数学运算的过程，其实也就是一种运用数学方式解决问题的能力。

数学思维不只是单纯的一种思维，它包括很多方面。例如，定向思维、发散思维、逆向思维、创造性思维、逻辑思维等。数学游戏之所以能提高数学思维能力，就是因为这些游戏充满了无穷的变化，只有充分地开发自己的大脑，运用各种不同的思维才能找到答案。这些能力在游戏中得到了锻炼和提高，数学思维当然也会随之提高啦！

亲爱的青少年朋友，你是否曾经因为不会做某一道数学题而绞尽脑汁？

你是否曾经因为在数学课堂上回答不出老师的问题而满脸尴尬？

你是否因此体会不到数学的乐趣，逐渐失去对它的兴趣？

……

如果你曾经或者正在遭遇这样的难题，如果你也想通过游戏来提高自己的数学思维，如果你也想提高自己的创造力，那么就请你赶快翻开这本书吧！

这本书精心设置了两百多个数学游戏，从四个不同的方面来训练青少年朋友的观察能力、图形分辨能力、计算能力和推理能力。每一个数学游戏都让读者惊喜不已，它们会带领读者走进数学的奇妙世界，感受到数学的趣味，进而对数学有一个全新的认识！

如果你想提高你的数学成绩，如果你想提高你的创造力，如果你想变得比别人更聪明，就赶快把这本书收入囊中吧！

编著者

2013年2月

Contents

第一章 观察篇

第二章 图形篇

第三章 计算篇

第四章 推理篇

第一章

观察篇

人们对于客观世界的认识都是从观察开始的，在生活和学习中，观察是必不可少的内容。本章的游戏可以锻炼青少年朋友对新奇的事物以及事物的微小变化做出敏捷、快速的反应。

1.错位的眼睛

仔细看右图，观察她的眼睛错位了吗?

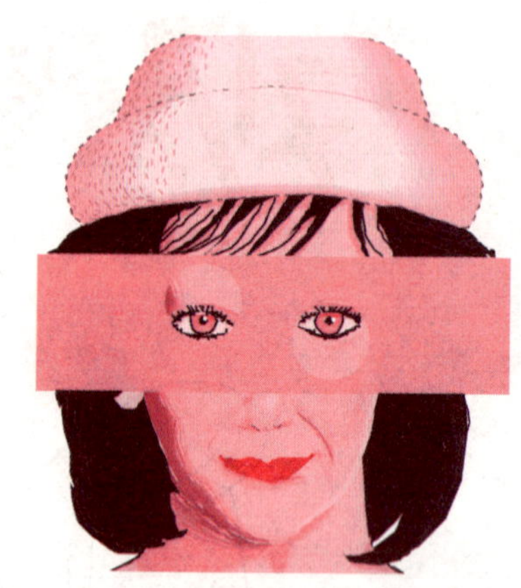

2.巧切蛋糕

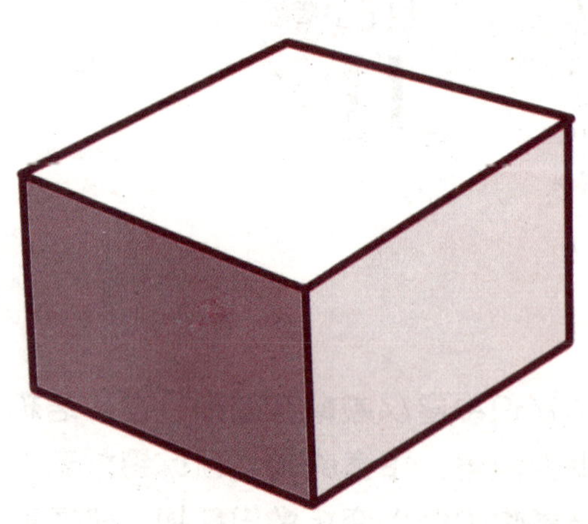

现有一大块方形蛋糕，需要平均分成27小块，以分给27个人吃，但只允许切6刀，你知道该怎么切吗?

3.贪心的老鼠

每间房里都有一块点心。一只贪心的老鼠想一次吃完所有的点心后，从A门出来。请问老鼠从1～8中的哪扇门进去，才不走重复路线（每间房只允许进出各一次，并且不能从同一扇门进出）？帮老鼠想一想该怎么走。

提示：从唯一的出口A门倒着向前寻找路线，这样成功的概率就大一点。

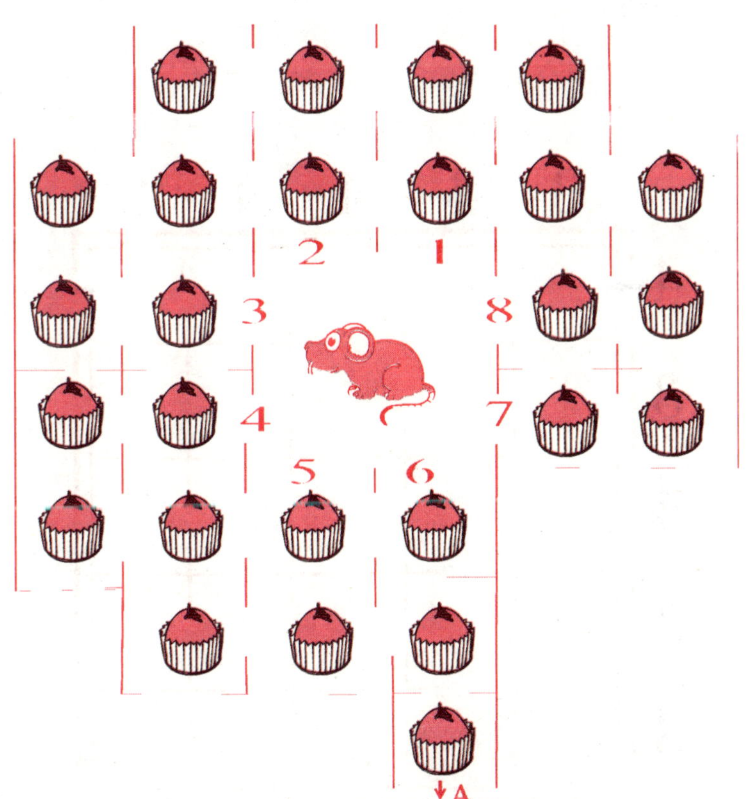

4.走围城

请将以下条件分析清楚，找到正确的出路。起点和终点都是用→来表示的。

① 在各行(横着排列的)必须通过的房间的总数量，根据该行左边正对着的数字来确定；在各列（竖着排列的）必须通过的房间的总数量，根据该列上边正对着的数字来确定，要求刚好能满足这些数字来走完路途。

② 曾经走过的房间不能再重复通过，而且，不能在同一个房间里折返（走U字形）。

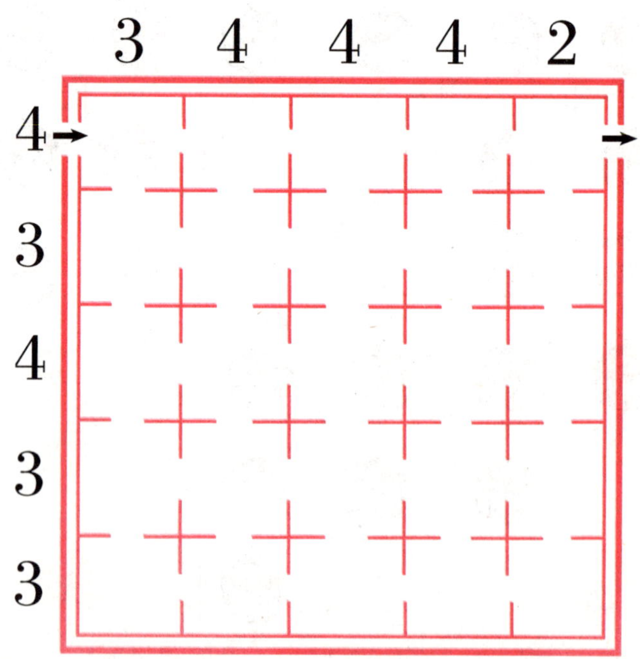

5.百步穿杨

有一只箭靶，每一环的分数如图所示，请问最少要射多少次能使总分恰好为100?

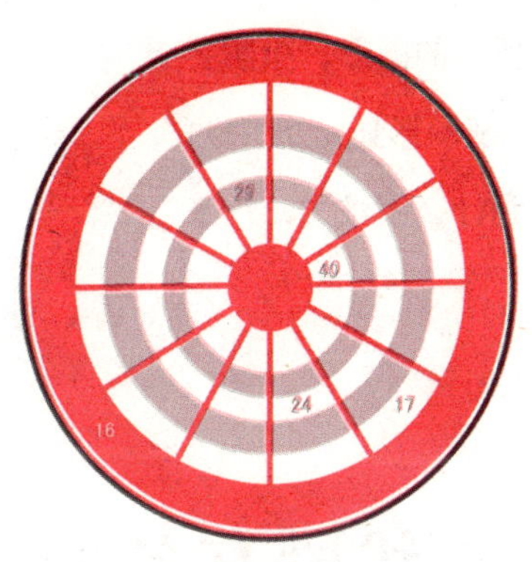

6.四点一线

公园里面有一片正方形的树林，里面均匀地分布着49棵樟树，其中有10棵松树如图排列，现在公园要进行绿化改造，想让所有的松树分别连成5条直线，并且每一条直线上都有4棵松树，并且只能移动3棵松树，你能给园丁一点建议吗?

7.移动砖块

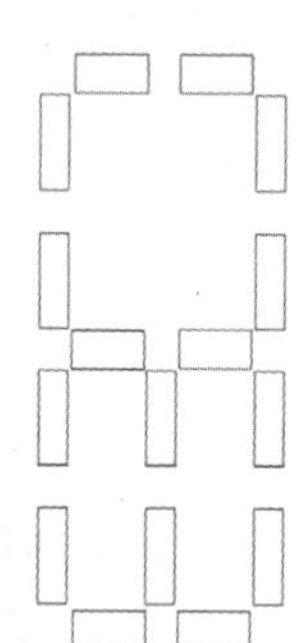

爸爸和小明玩游戏，爸爸利用16块砖头摆了一个如右图所示的图形，小明要移动其中的3块砖头，使图形显示出1991的字样。小明好像遇到什么困难了，快来帮帮他吧！

8.线段有多少

在一个圆周上均匀地分布有10个点，其中的任意两点都可以连接成一条线段，你能数清楚这个圆上面有多少条线段吗?

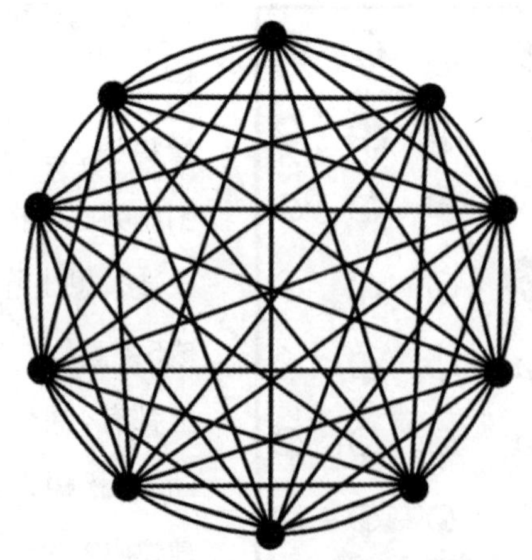

9.缺少什么数字

仔细看下图，请填出缺少的数字。

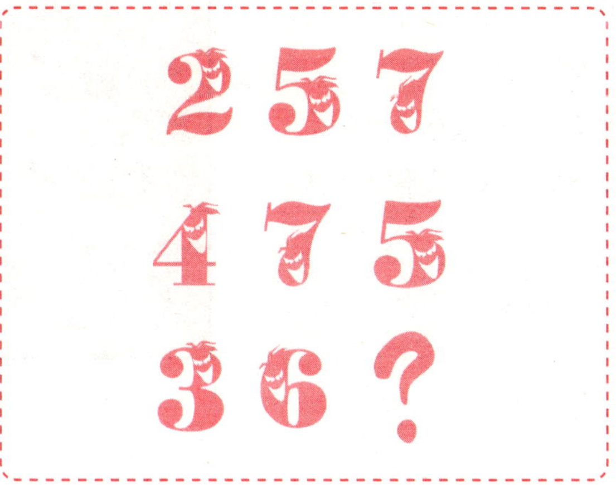

10.水晶的秘密

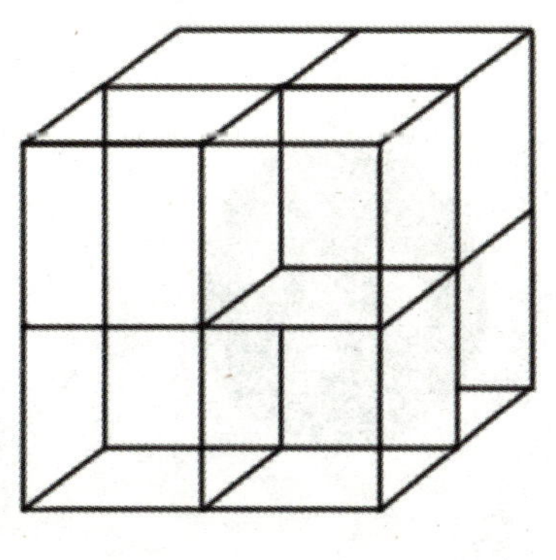

红红的姑姑送给她72颗漂亮的水晶，她想把这些水晶放到有8个小空间的玻璃盒了里面，每个空间里面可以放数量不等的水晶，但是无论从外面的哪个角度看都只能看到最多4个空间，要想使任意角度看到的四个空间的水晶数量之和都相等，红红究竟要怎样放呢?

11.切正方形

一个正方形的桌面有4个角，切去一个角，还剩几个角?

不要过于轻率地认为这是一个简单的减法，仔细想一想，会有什么样的结果呢?

提示：有3种切法。

12.黑度的区别

左边的圆和右边的圆的黑度是一样的吗?

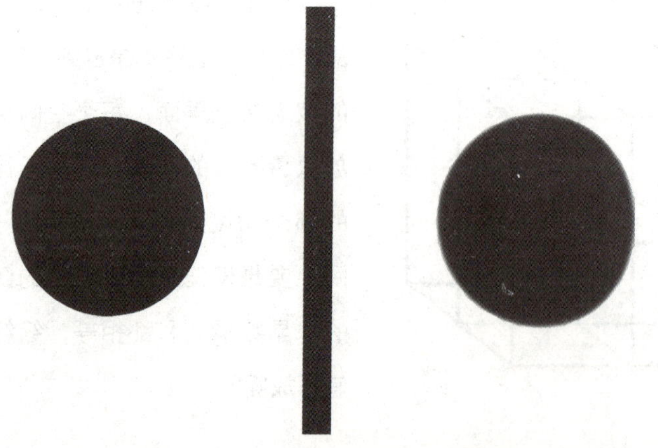

13.金字塔谜题

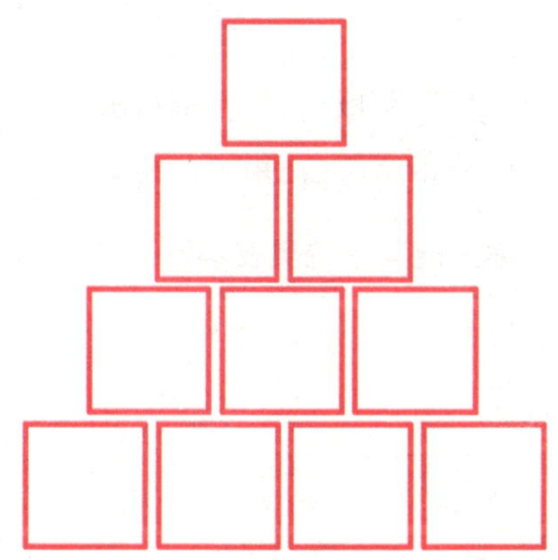

在由10个方块组成的金字塔图形中，请填入0～9这10个数字，使金字塔每一层形成的数字都是某个数的平方。注意：这10个数字不能重复使用，也不能缺少。

14.摆三角形

有3根木棒，分别长3厘米、5厘米、12厘米，在不折断任何一根木棒的情况下，你能够用这3根木棒摆成一个三角形吗?

3厘米

5厘米

12厘米

15.双“10”会

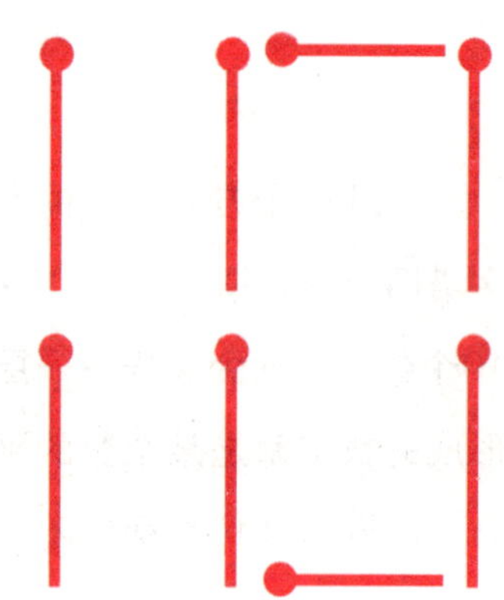

“10”可以用8根木棍拼出来，同样也可以用9根木棍拼出来，你知道其中的奥秘吗?

16.直角在哪里

3根火柴棒可以组成5个直角，如下图所示，12个直角也只需要3根火柴棒就能做到，这是为什么呢?

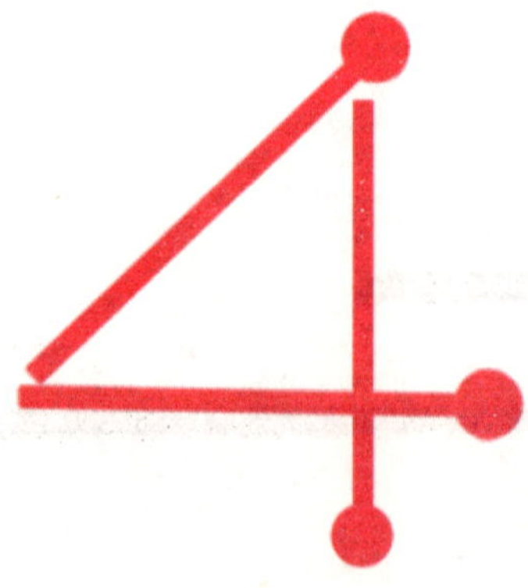

17.以“1”变“10”

自习课上，有位同学遇到了一道难题，题目是如何添加两条直线让如下图所示中的一个三角形变成10个三角形。开动你的脑筋来帮帮他吧！

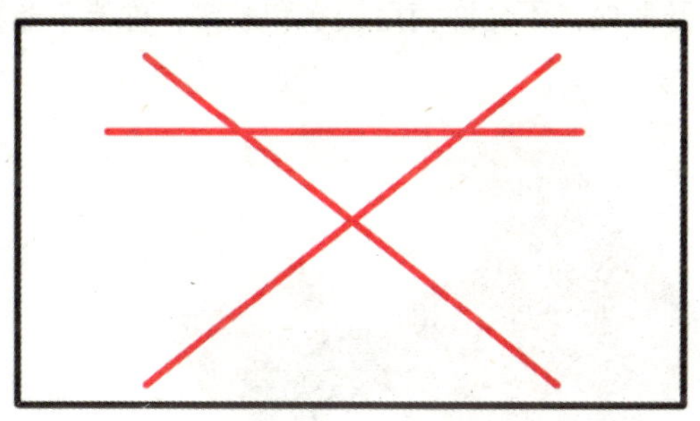

18.考考你自己

如下图所示，你知道表格中的问号应填入什么数字吗？

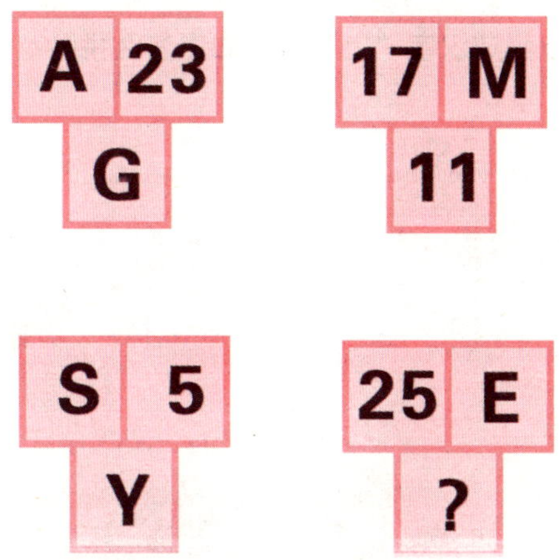

19.神奇的折纸

乍一看，把纸折叠成这种效果是不可能的。可是，如果你的脑子里有正确的思路，将纸折成这样的效果是轻而易举的。试试看，只允许把一张长方形的纸片剪开两处，不允许使用胶水和胶带，你能不能做到呢?

20.拼积木

这5块积木可以组成汉字“上”，你知道怎么拼吗?

21.重叠的地板砖

王经理家装修房子，还剩下大小两块地板砖，大的地板砖长60cm，小的地板砖长30cm。大地板砖遮住了小地板砖的一部分，而且顶点恰好在小地板砖的中心上，你知道大地板砖遮住了小地板砖的百分之几吗?

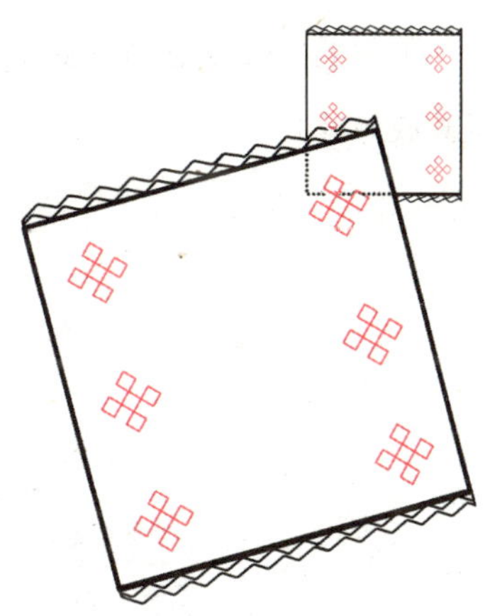

22.平衡的盒子

在下图中，秤杆被均匀地分为14等份，已知两个盒子的重心都位于盒子的中心。在盒子甲中放入了重量为18g的重物，那么，在翘起的乙盒子里应该放入多重的物体，才能保证秤杆的平衡呢?

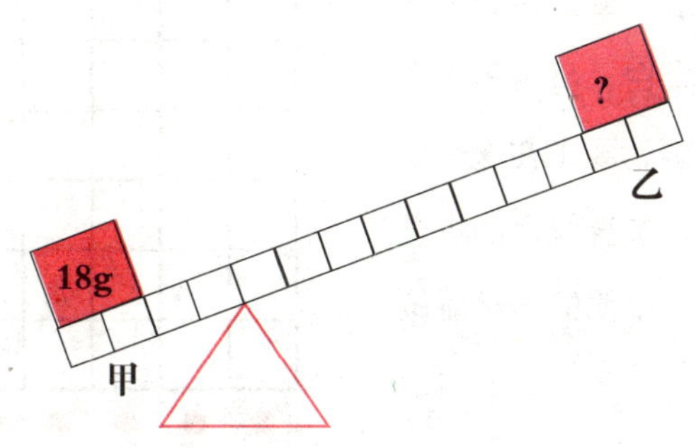

23.不成立的等式

下面的不等式是由14根火柴棒组成的。请你只移动其中一根，使不等式成为等式。

24.趣味五子棋

小明和同学下五子棋，但是小明总是下不赢同学，于是他提出另外一种玩法，拿出16颗五子棋棋子，不分黑白，将棋子放在8×8的棋格之内，要求在这个棋格之内，任何一条直线上的棋子都不超过两个，小明的同学能做到吗？

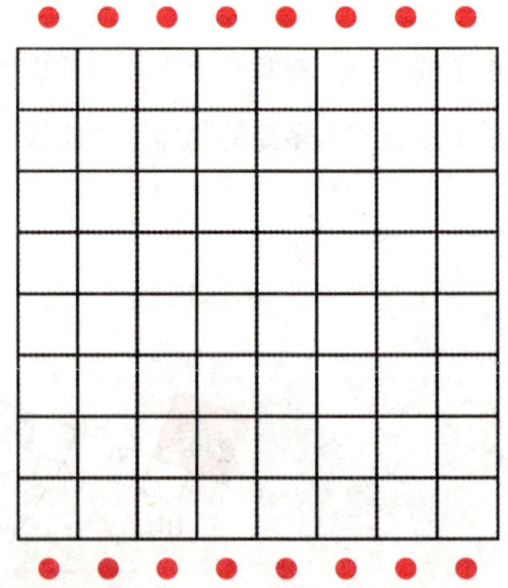

25.正方形拼图

你知道24根牙签最多可以摆出50个大小相等的正方形吗？聪明的你可以挑战一下哟！

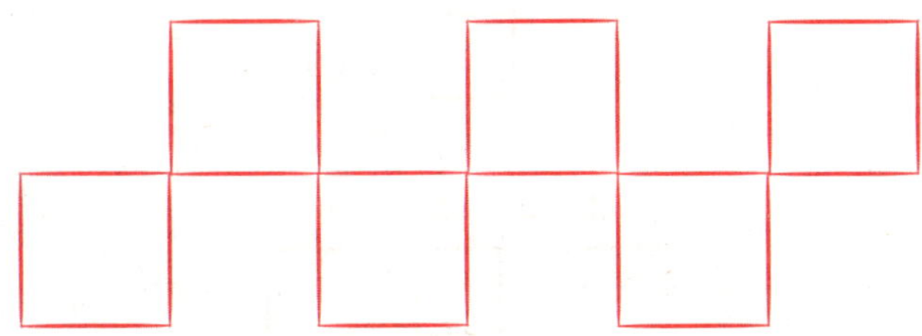

26.流动的竖线

在下面这些竖线中，你能找出最长的一条吗？

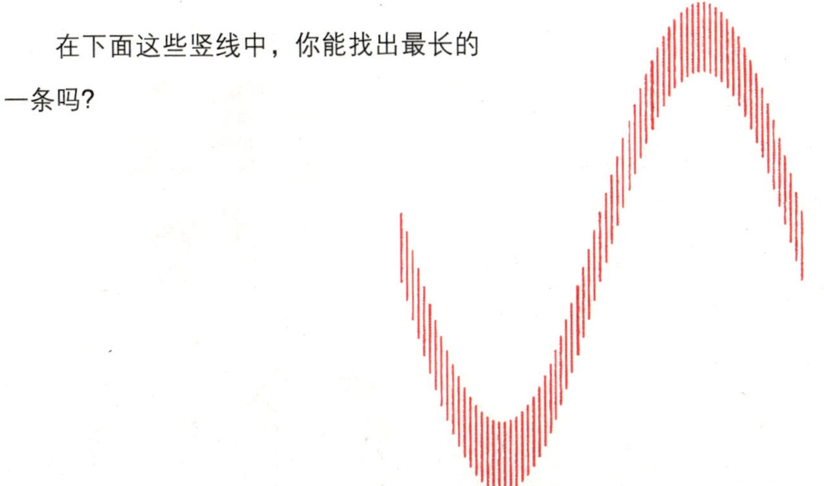

27.该涂黑哪个

下图是由10个方框组成的一个大三角形。现在请你把其中的4个方框涂黑，使得没有任何部分能构成等边三角形。你知道该涂黑哪4个？

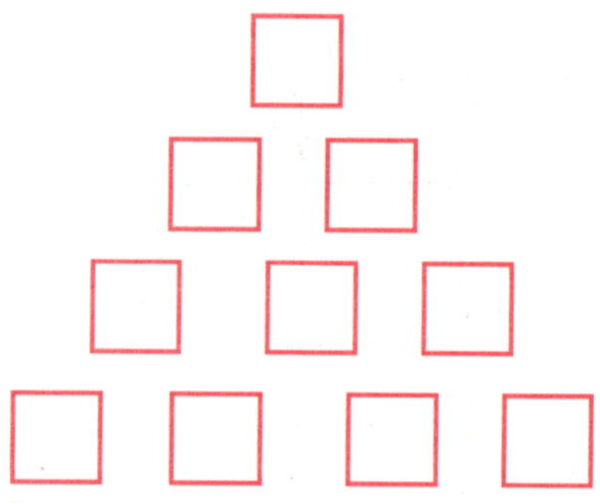

28.破镜重圆

琳达一不小心将梳妆台上的镜子打碎了，她想把镜子重新拼好，现在只找到了4块碎片，还差一块就可以让破镜重圆了。你能找到正确的那一块吗？

29.找关系

下边3组数字中，每一组数字都有一个相同的关系。你能猜出这3组数字分别具有何种关系吗?

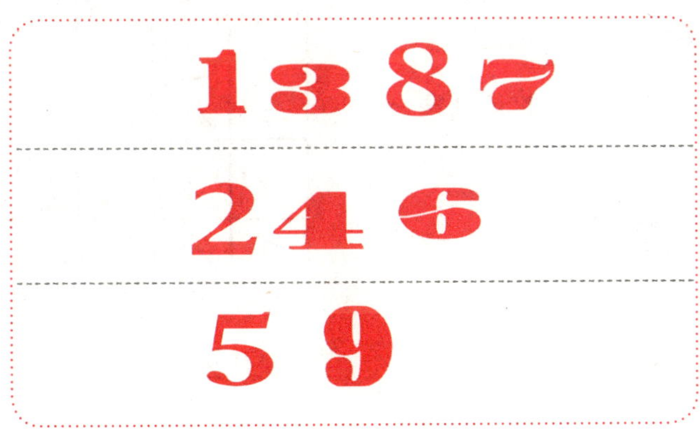

30.恒等于9

有9个方格，里面有32根牙签，如果去掉其中的4根，打乱原来的摆法重新放置，你能使横、竖的牙签数之和为9。第二次仍然去点4根，再次重新摆放，你能使横竖之和仍然为9吗?

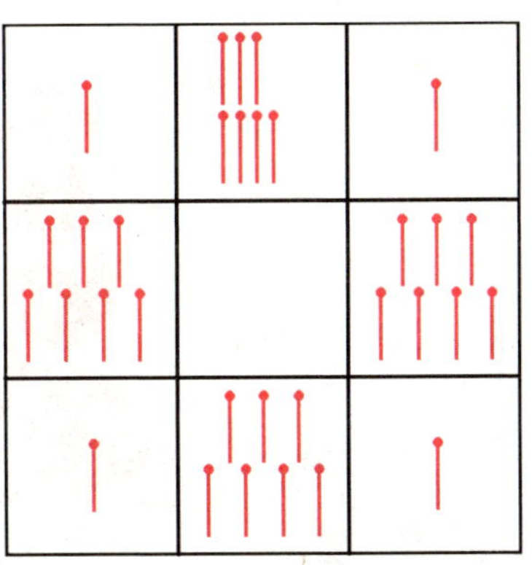

31.水果之谜

现在有香蕉、橙子、西瓜3种水果按照一定的规律摆放在25个空格中，但是其中的一个不知道应该摆什么，你能观察摆放的顺序猜出剩下的空格应该放什么水果吗?

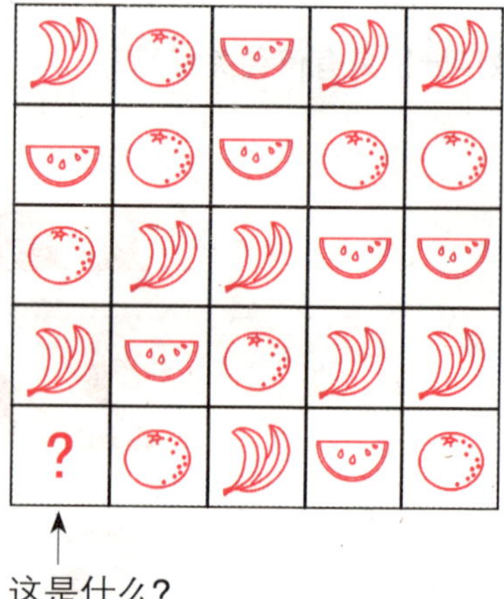

32.盘子知多少

有大小不一的盘子叠放在一起，每一个盘子都能让人看见一部分，你知道有多少个盘子吗?

33.数图形

放暑假了，马琪琪来到乡下姥姥家。她中午睡不着觉，看着姥姥家的窗棂，发现里面有许多正方形、长方形和三角形，却怎么也数不清，你来帮她数一下吧。可要仔细喽！有些图形很善于伪装，一不小心就漏掉了。

34.7变18

有7个大小不等的三角形，如果再找到一个三角形加上去，那么就会有18个三角形，你相信吗?

35.时间显示

根据规律找出D钟上应该显示的时间是多少?

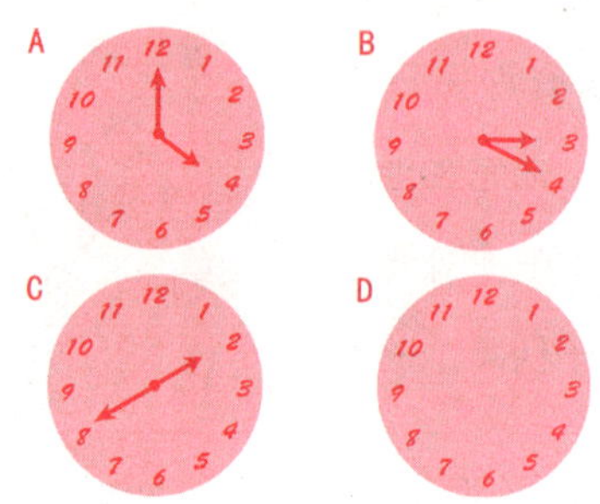

36.卡片游戏

数学课上，老师在黑板上挂了三张带数字的卡片（如下图所示），要求将卡片相互调换一下位置，使其变成一个能用43除尽的三位数。请问该怎么调换这三张卡片的位置?

37.微笑的女人

花几秒钟看看这张微笑女人的脸，然后再把书上下翻转，你就会有惊人的发现。请指出图中两处错误各是什么?

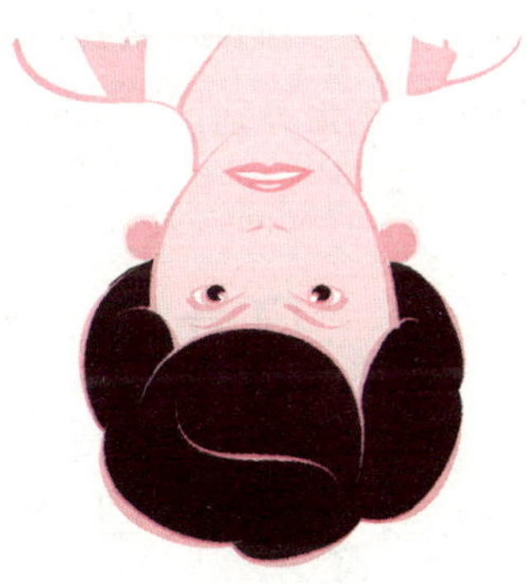

38.无法完成的作业

数学课上，老师开始布置课堂作业，他说："请同学们把课本翻到35页和36页之间，完成那页上的几道练习题。"

班上学习最好的约翰听了以后，连题都没有看，就对老师说："您布置的作业根本就没有办法完成。"

你知道是怎么回事吗?

39.数字哑谜

这是一个数字哑谜。请在下面打问号的地方填入适当的数，且用数字解释图中的图形分别代表什么数字？

□ + ◇ − ▮ = 6

▮ − △ + □ = 3

◇ × □ × ▮ = 140

◇ + ▮ + □ = ?

40.残缺变完整

用两条直线把右面这个残缺的图形切成3块，使这3块能重新拼成一个正方形。

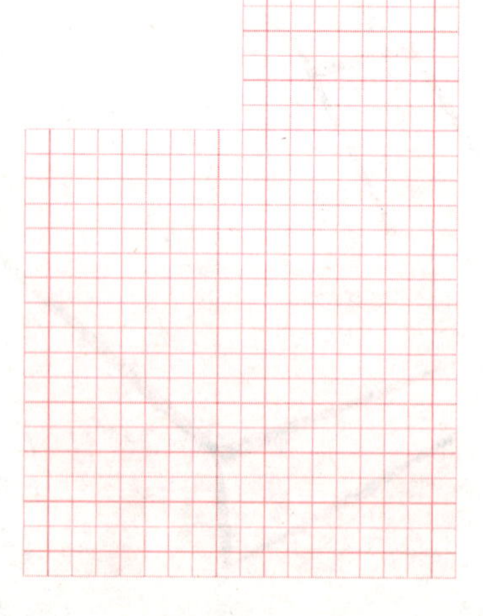

41.最高的人

仔细看下面的图，3个人中，最高的是哪一位?

42.巧手缝桌布

有一个裁缝想利用剩下的多边形布料缝制一块正方形的桌布，担心剪裁得太多缝出来影响美观，最后他把布料剪成了两块就缝出了一块漂亮的桌布。如果你是那个裁缝，应该怎样裁剪呢?

43.只要一笔

下面3个图，你能一笔勾出几个?

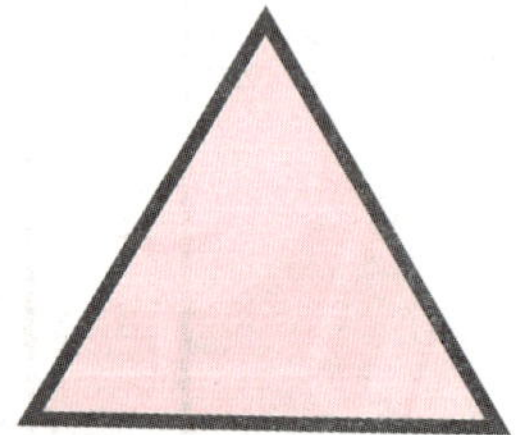

44.智拼图形

如下图是由13根牙签所组成的，只要移动其中的4根，就能使原来的图形变成有5个菱形、6个梯形和7个三角形的图形。你知道该怎样移动吗?

45.谁不一样

下面5种物品（锯、牙刷、梳子、钳子、叉子）中，哪一种与其他4种物品不一样?

46.需要多少个图章

现需要用图章印出1～12这12个数字，那么至少需要刻几个图章?

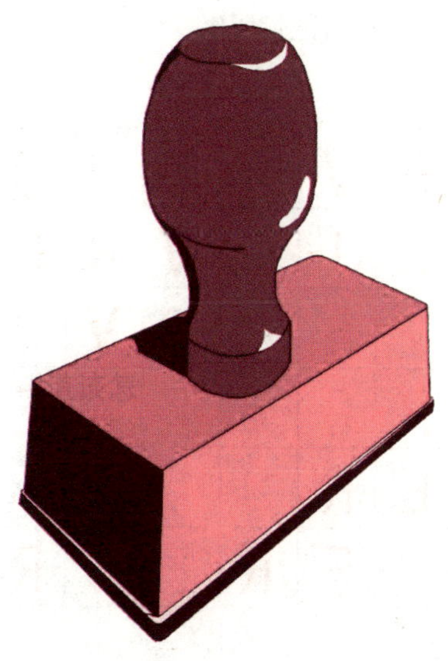

47.聪明的柯南

一帮歹徒把大侦探柯南和他助手的双手绑在一起后（如右图）就离开了。歹徒们以为柯南是逃脱不掉的，但聪明的柯南没有利用任何工具毫不费力就解开了绳子，摆脱了困境。你知道他是怎样解开绳子的吗?

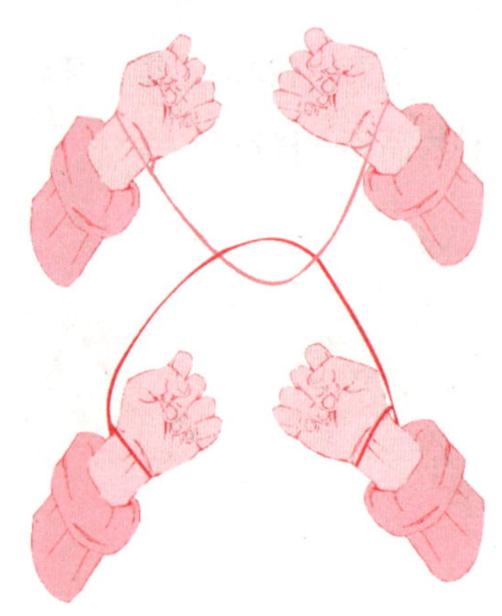

48.神秘的单词

英语课上老师画了一个方格，告诉同学里面隐藏着一个单词，要求同学们将它找出来，你能帮帮他们吗?

R	V	E	O	V	C
S	I	O	V	R	D
V	E	R	C	V	O
R	O	V	E	S	E
E	R	S	C	R	I
C	E	R	E	O	R

49.分割铁片

阿明已经跟着王师傅学了一年多的打铁技术了。为了考验阿明是否可以出师，王师傅给了阿明一块十字形状的铁皮，上面有8个圆孔和4个方孔，要求阿明将这块铁皮分成形状和尺寸都相同的4块铁片，并且每一块上都要有2个圆孔和1个方孔。阿明思考了一会，就按照师傅的要求分好了。你知道他是怎样做的吗？

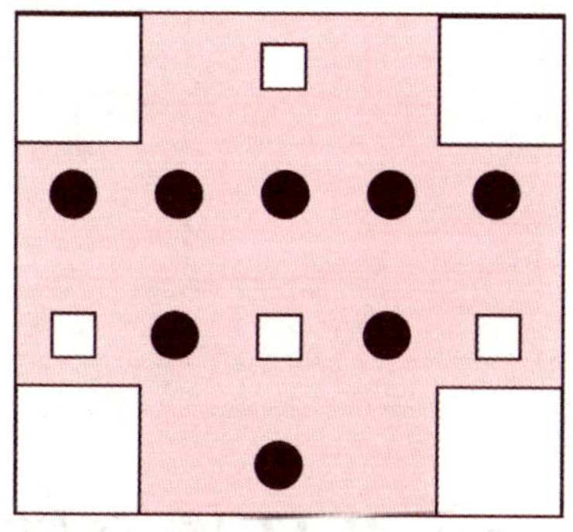

50.巧画直线

有一块正方形的桌布，你能画3条直线将桌布分成6个部分，并保证桌布上的每一种图形在每一部分都有两个吗？

51.考眼力

为了考验你的眼力，请仔细看下面这张图，想想看它是什么？

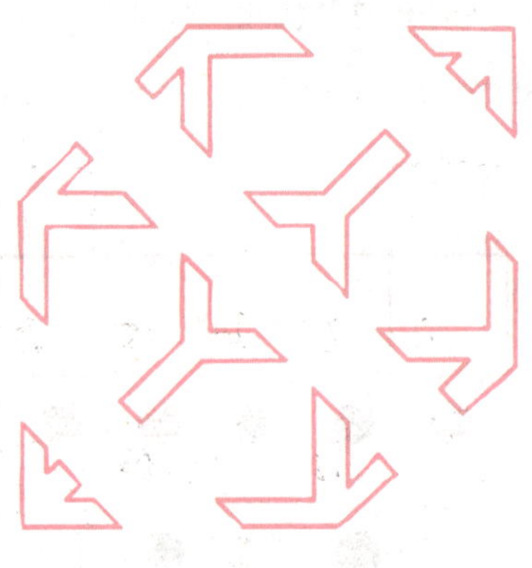

52.开环接金链

有4段3个环连的金链环，要设法将它们连成一个金链圈，至少要打开几个环？

53.考考你的注意力

你的注意力能长时间地集中在某种事物上吗？还是做一道题，来测试一下你注意力的稳定性吧！

不许用铅笔或其他的工具，只用你的眼睛尽可能快地追踪下图中的每一条曲线对应的字母。

54 哪个不合群

在这5幅图中，哪一个是不合群的？

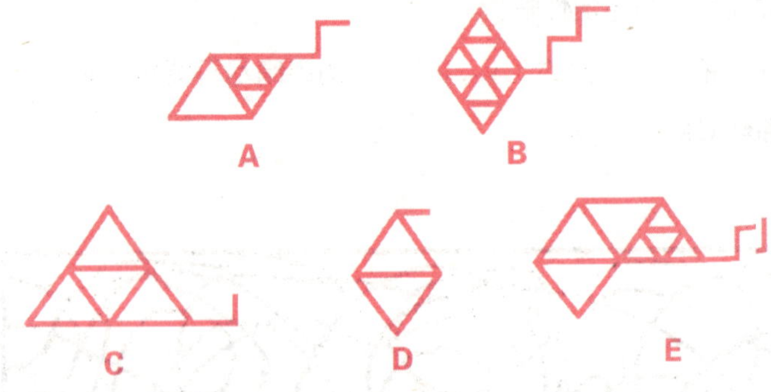

55.苹果十字

右面是由25个苹果组成的一个方阵，你能用直线将其中的12个苹果连接起来形成一个十字形状，并且让8个在十字的外面，5个在十字的里面吗？

56.找图填空

在下面A、B、C、D4个选项中，哪一个符合大图案中的空白部分?

57.一共有多少对

图中有若干对相邻的两个数字相加恰好等于10。这些成双的数字，或横或竖或斜地挨在一起。请找找看，一共有多少对？

7	1	1	8	7	4	7	5	5	3	1	8	1	6	4	3
2	9	6	7	5	9	2	5	3	6	3	1	4	8	4	8
1	6	5	6	2	4	3	6	8	5	6	6	3	9	7	5
3	2	7	8	1	5	9	6	1	8	7	1	5	8	6	2
5	9	2	1	3	3	4	2	2	4	5	7	7	6	7	2
3	4	3	4	8	6	2	4	7	9	8	4	1	6	3	9
8	3	8	9	5	3	1	7	5	7	5	8	5	1	8	7
3	7	5	4	8	9	1	4	2	7	4	3	1	5	6	5
5	1	8	7	1	6	8	7	8	4	3	8	3	3	6	7
2	6	7	4	5	3	5	4	8	5	3	4	8	1	8	5
3	2	6	2	1	8	4	3	9	4	2	4	1	3	5	3
1	4	5	2	7	1	3	5	2	8	5	2	1	8	1	4
8	3	9	9	6	7	2	6	8	1	2	6	9	7	6	4
5	4	3	2	5	9	3	9	8	3	2	6	2	5	9	6
2	9	4	2	4	8	6	6	6	9	6	5	6	1	8	3
3	5	2	7	8	5	1	5	3	7	7	8	7	2	9	5

58.丢失的水果

商店的水果架上依次摆放着桃子、香蕉和苹果三种水果，现在有顽皮的孩子偷偷拿走了其中的三个，观察水果的摆放规律，请问丢失水果的摆放顺序是哪一项呢？

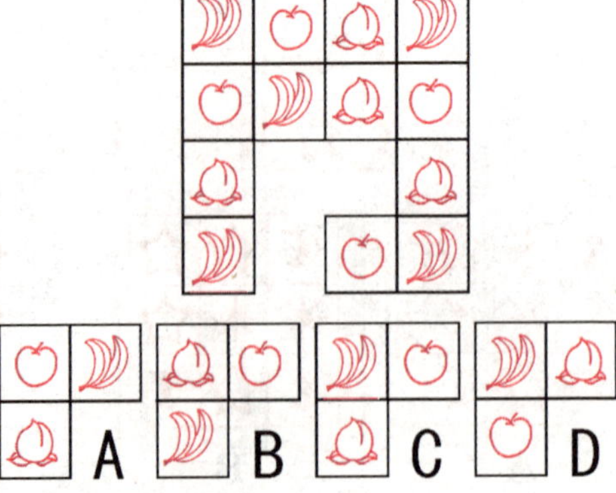

59.角度排序

不要使用量角器，判断下图中哪一个角最大？哪一个角最小？你能按从小到大的顺序排列一下吗？

60.找不同

在A、B、C、D、E5个图形中，哪一个是不合群的？

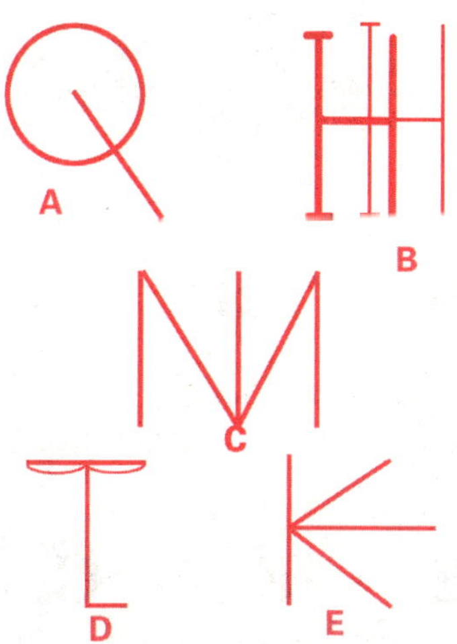

61.大于3，小于4

用3根火柴棒摆出一个符号，要大于3，小于4。应该怎么摆?

62.找对应

A与B相对应，同理，C与D、E、F、G、H之中的哪一个相对应?

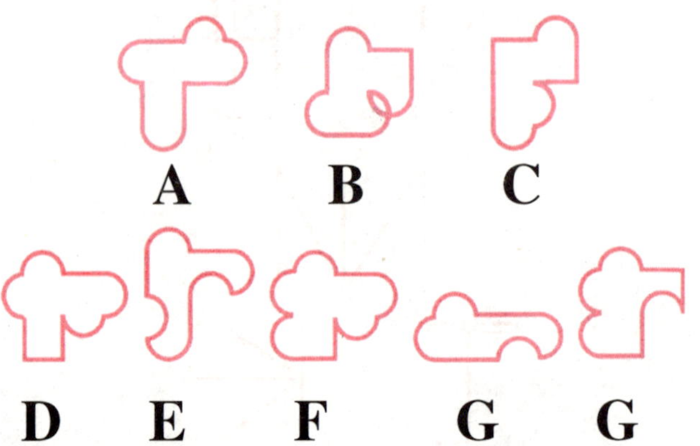

63.巧划分（1）

请在右图中画3条直线，将图分割成6个部分，使每一部分中有1条鱼和1面小旗，并按顺序各有0～5个鼓和雷电，线条不必从一边画到相对的另一边。

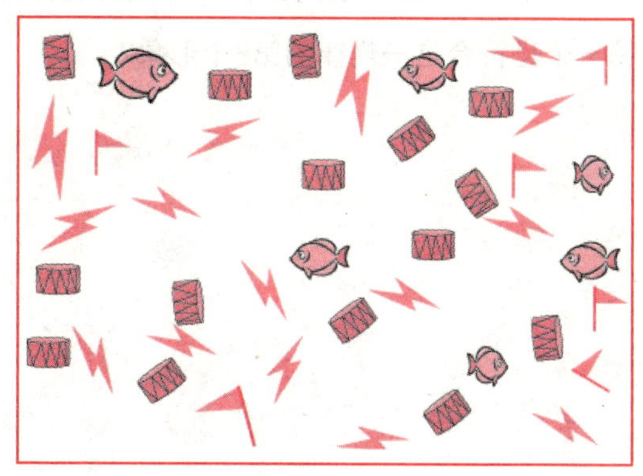

64.巧划分（2）

请在下图中画4条直线，将图分割成8部分，使每一部分中有3只蜻蜓，并按顺序各有1～8只蜜蜂。

65.变脸

图中7个脸面形象的变化有一定的规律。最下面的A、B、C3图中，哪一个是符合这一规律的第8个形象？

66.哪个字母不见了

这里原本应该有26个字母，但事实上少了1个，你能看出哪一个字母不见了吗？

67.哪一个图形相似

下边图形中，A、B、C、D、E5个图形中哪一个图形与最左边的图形相似?

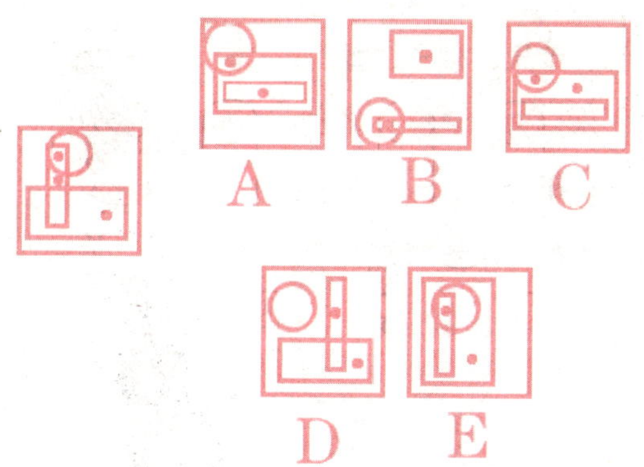

68.谁跑的路短

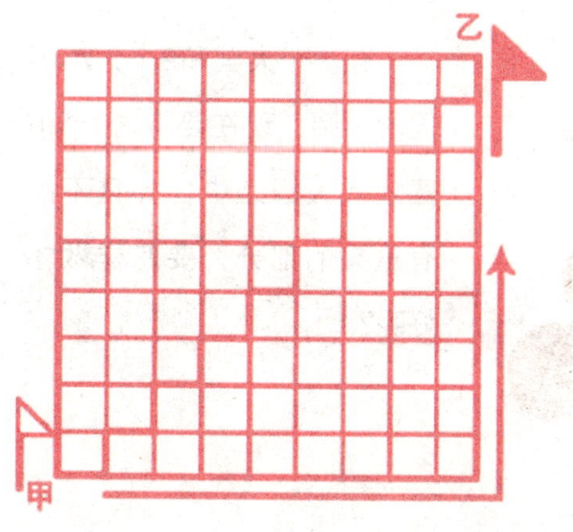

一座小城里有许多纵横交错的街巷。皮皮、琪琪两人要从甲处出发步行到乙处，琪琪认为沿着城边走路短，皮皮认为在城里穿街走巷路短。你认为他俩谁的路程短些?

69.不属于同类

右边四组物品中，每组都有一个与其余3个不同类的物品。你能挑出来吗?

（1）西红柿、苹果、桃子、香蕉；

（2）菜刀、水果刀、案板、剪刀；

（3）山羊、黄牛、梅花鹿、老虎；

（4）二胡、吉他、小提琴、笛子。

70.九圆问题

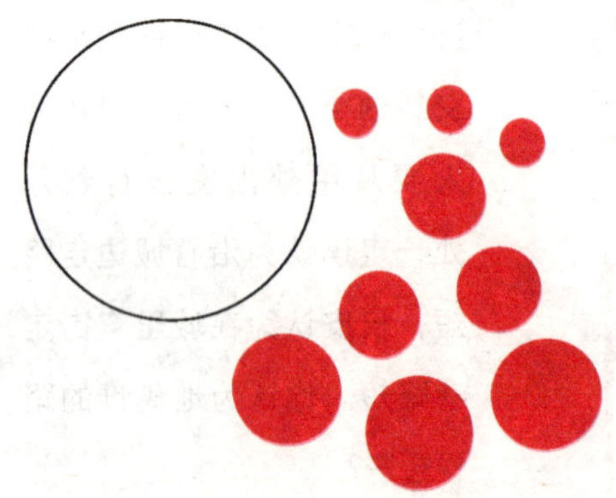

有一个大圆和9个大小不同的小圆，现在要将这9个小圆放入大圆之中，并且不能有重叠的部分，要怎样做才好呢?

71.哪一个是鸭子的影子

下面A、B、C三幅图中，哪一幅是上面鸭子的影子?

72.系绳子

小可有红、蓝、黄3根绳子。现在红、黄2根已经系好了一个绳结，在不许解开已经系好绳结的前提下，你能否把蓝绳按红、蓝、黄的顺序系好呢?

73.图形互补

请问A、B、C、D、E这5个图形中，哪一个与这组图形上面的图形互补?

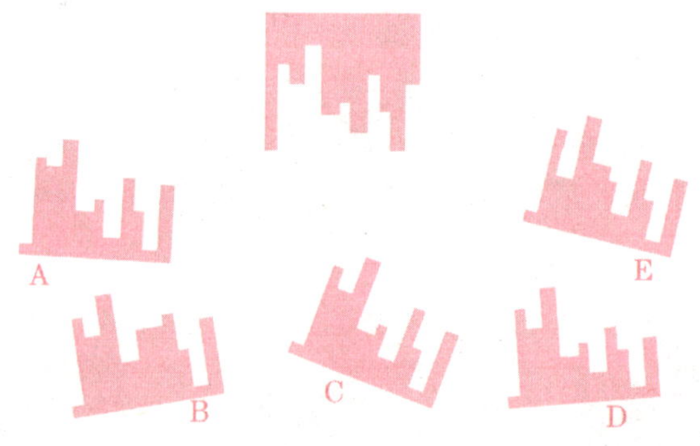

74.不一样的图形

下面5幅图，有1幅与其他4幅不一样，你能挑出来吗?

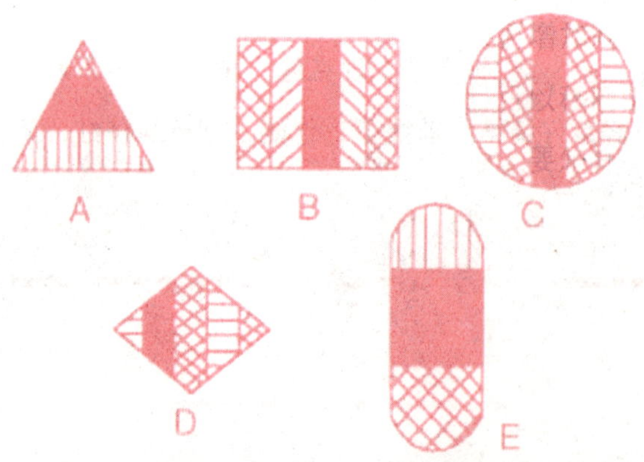

75.不同的选项

在下面选项中，和其他三项不同的一项是?

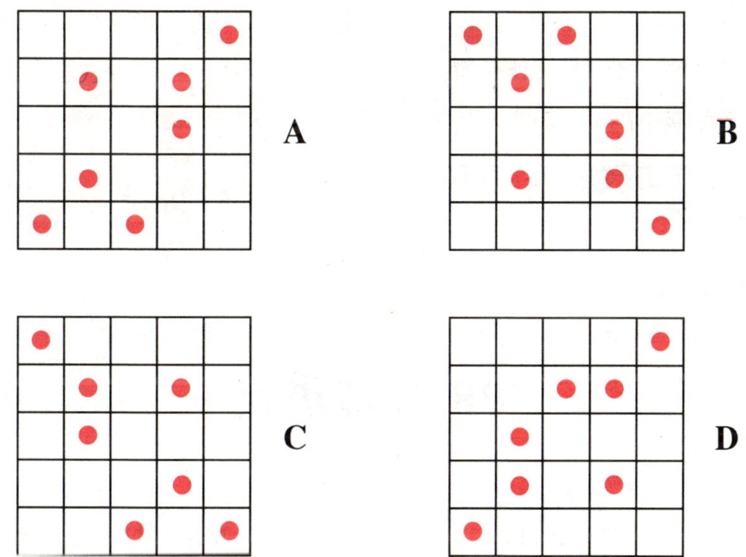

76.卫兵巡查

一座城堡里面有64个房间，午夜时分都会有一名士兵从A点进入城堡开始巡查，他需要巡查完所有的房间，最后到达图中蓝色的卫兵休息室。因为长期的经验积累，卫兵知道如何拐最少的弯巡查完所有的房间，并且不重复经过任何房间到达休息室，你知道卫兵巡查的路线吗?

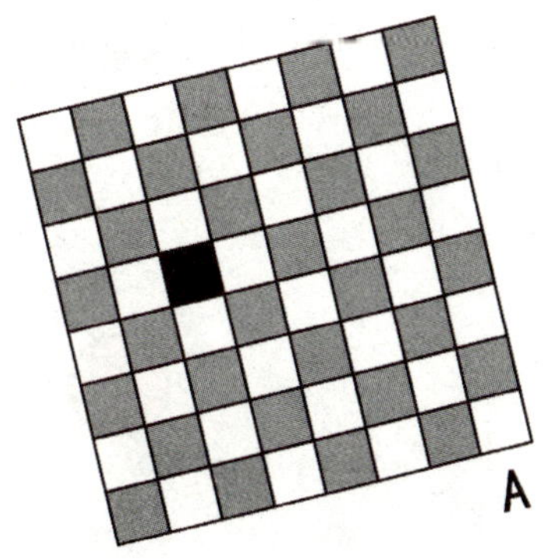

77.矫正视觉

仔细观察右图，然后作判断：

①图中两个门一样大吗?

②马路与房子的一面平行吗?

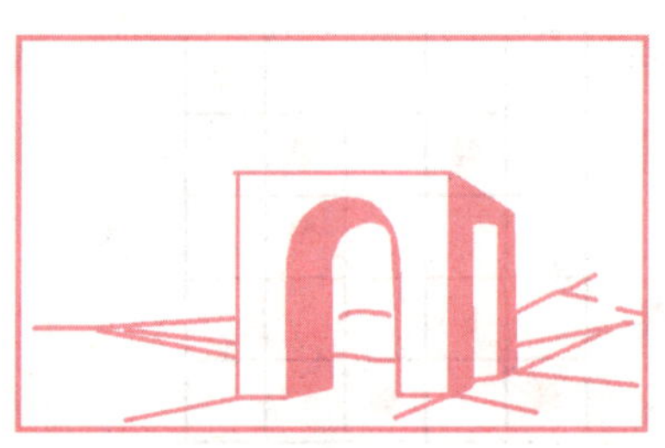

78.弹珠进洞

明明和同学一起打弹珠，一共挖了6个洞，明明的弹珠碰到了旁边的一块石头，那么弹珠会进到哪一个洞内呢?

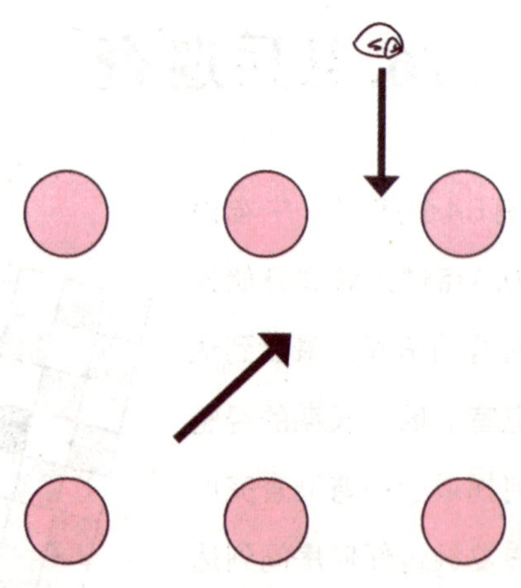

79.聪明的士兵

某班有1名班长和12名士兵，他们负责守卫一个古老的城堡，城堡外是一片山林。班长在城堡四面每面派出3名士兵，有4个瞭望口可以查看哨兵的情况、每天他都从各瞭望口查看一遍，都能看到3个士兵在来回巡视，他非常满意自己的士兵能坚守岗位。可是，没过几天有人告发他的士兵天天在城堡外面的山林里打猎。为此，他特地到4个瞭望口查看，发现每面都有3名士兵。人怎么可能会少呢？他们全站在那儿呀！班长想。你知道为什么每面仍有3名士兵，而每天都有士兵去打猎吗？士兵们是怎么糊弄班长的？

80.下一朵花是什么样子

这组花形序列的下一个应是什么样子？

81.关于“5”的创意算式

左面有4个数字“5”，你能写出4个数字“5”组成的得数是1～6的算式吗？注：+、－、×、÷和( )均可以用。

5 5 5 5 = 1
5 5 5 5 = 2
5 5 5 5 = 3
5 5 5 5 = 4
5 5 5 5 = 5
5 5 5 5 = 6

82.哪根绳子没打结

找出下图中哪几幅图形绳子没打结？

83.办公室平面图

这是一幅从办公室上方所看到的平面图。你能只转向2次就通过所有的房间吗？

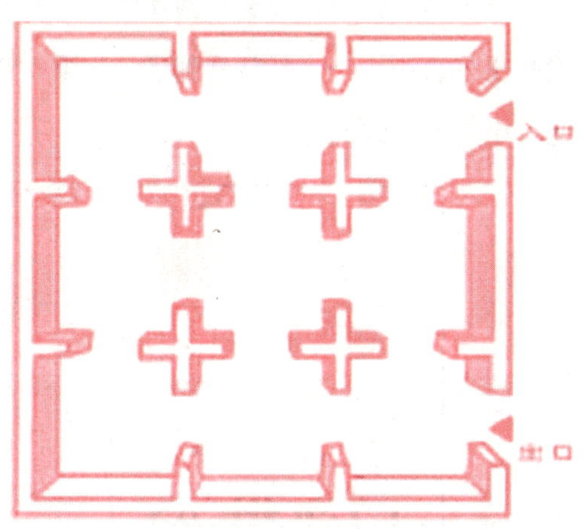

84.巧选数字

你能从图中右边A、B、C、D四个数字中选取一个放入左边问号处，使左边的数字和字母的排列合乎某种规律吗？

85.解谜高手

小小一向看不惯自诩为解谜高手的欢欢那得意的样子，决定杀杀他的傲气。于是在一张正方形的纸上靠近右上边的地方画了一个圆圈，让欢欢把纸张分成两半，重新组合之后要让圆圈位于正方形的中点位置。欢欢想了很久没想出来，小小一下子就做到了，这下欢欢再也不敢那么得意了。你知道小小是怎么做的吗?

86.不可能的骰子

用可折叠的平面图折叠成一个骰子的形状，那么哪一个是不可能被折叠出来的?

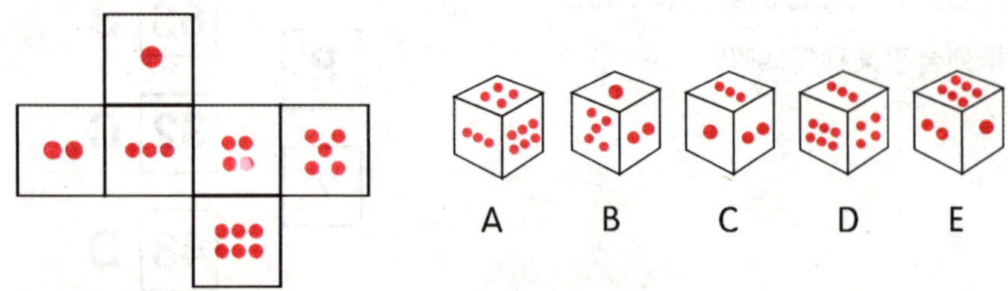

第二章

图形篇

图形的世界是一个绚彩多变的世界，最容易让青少年朋友产生好奇，也最容易让学生们眼花缭乱。这一章就让大家在求知的过程中玩转图形王国，以满足对图形的好奇心。

1.草莓的诱惑

又到了草莓收获的季节，大卫开始嘴馋了，缠着妈妈给他买草莓。妈妈拗不过，决定出道题考考大卫，将32颗草莓每2颗放在一起，排成方阵，要求用6条直线将所有的草莓都连接起来。如果大卫答对了，就会得到更多的草莓，你想和他一样吗?

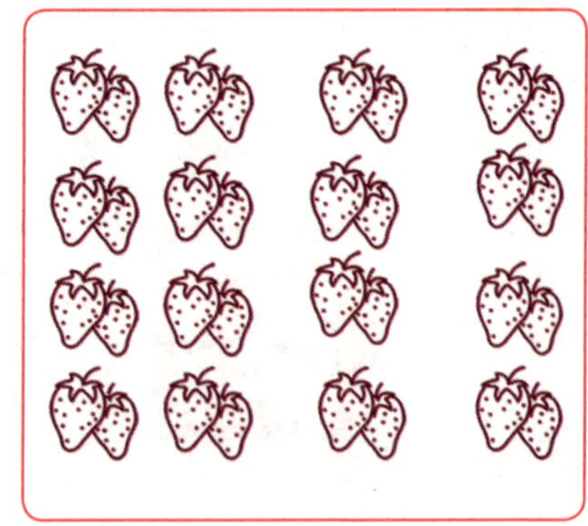

2.在哪里见面

茜茜和她的6个好朋友住在同一个街区的不同街道上，一天她们约好一起去公园春游，为了使每个人行走的距离都是最短的，她们应该选在哪里见面呢?

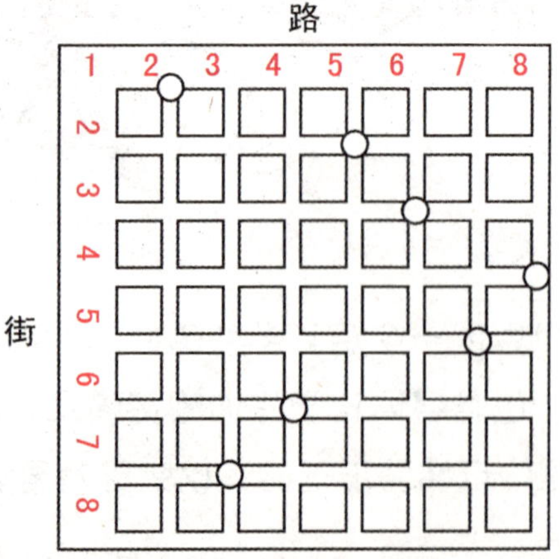

3.15个正方形

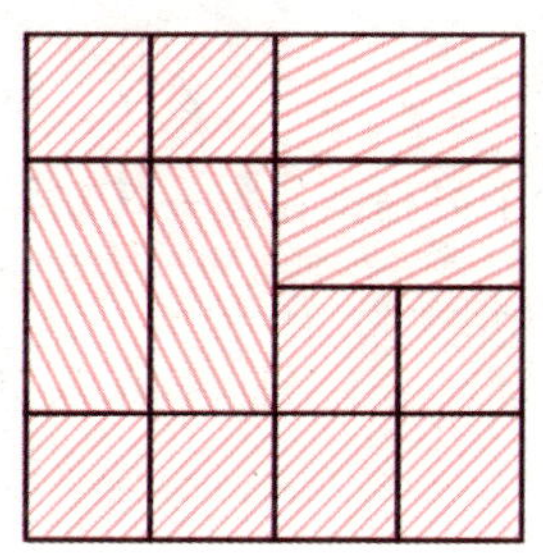

木匠用几块剩下的木板做了一个桌子，里面一共有15个正方形，你能把它们找出来吗?

4.一分为二

数学课上，老师在黑板上画了五个等圆，如下图所示。要求同学们通过A点画一条直线，将这5个圆分成面积相等的两个部分。同学们应该怎样才能做到呢?

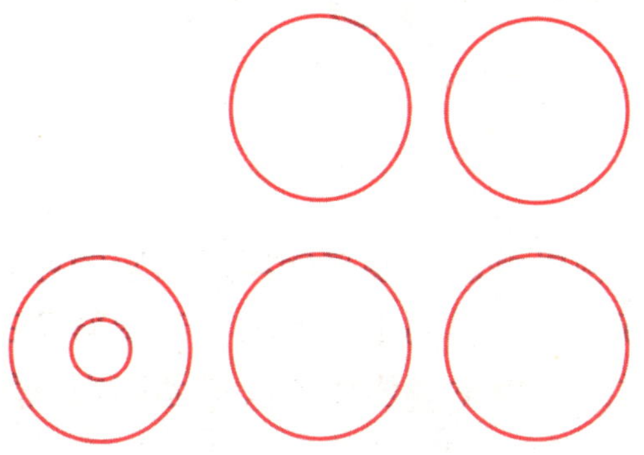

5.数字方阵

将2、3、4三个数字，填进方阵中的9个方格，让每一行和每一列的总和都相等。

6.剪窗花

奶奶剪的窗花远近闻名，这天孙女吵着要跟奶奶一起剪窗花，奶奶给了她一张正方形的纸片，如图所示。经过3次折叠之后，用剪刀剪去了其中的一角。如果孙女猜中了剪出来的图形，那么奶奶就教她怎样剪窗花。你想知道如何才能剪出漂亮的窗花吗？那就赶快帮帮小孙女吧！

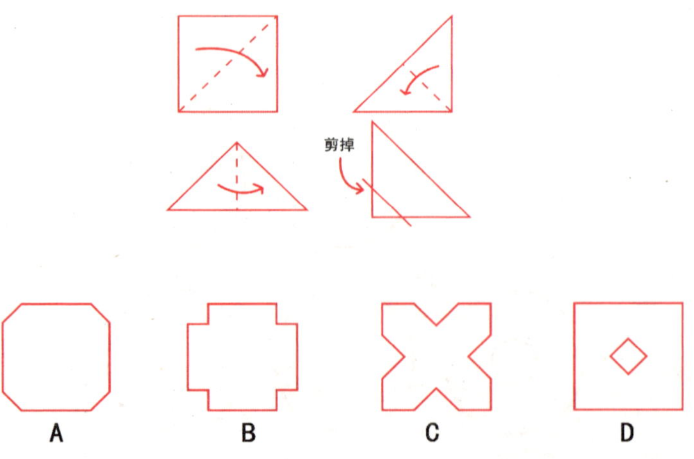

A　B　C　D

7.找规律

下面是一组被打乱的数字，在被打乱之前它们之间是有排列规律的，请找出这个规律，并按照这个规律重新将它们排列好。

3　5　13　21　1　1

8.走弯路

客厅里共有64块完整的地板砖没有摆放家具，弟弟和妹妹利用这些地板砖比赛起来了。弟弟从起点到回到原点，走遍所有的地板砖一共转过了20个直角，而妹妹从同一起点出发回到原点的时候只转了14个直角。需要说明的是，中间有一个地方放着花瓶，不允许直接穿过，你知道妹妹是怎样走的吗？

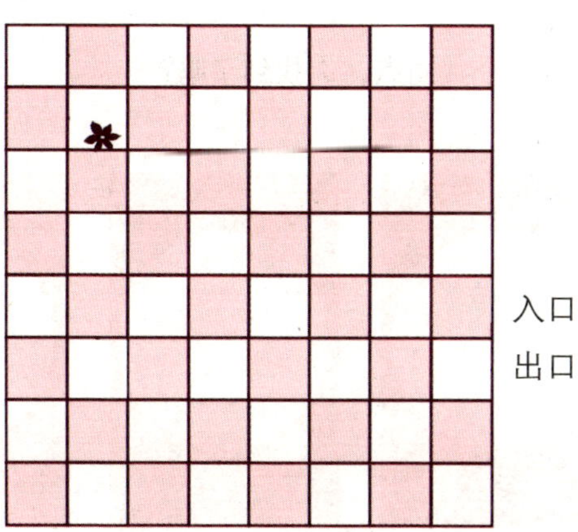

9.火柴棒排队

24根火柴棒排成3行，其中第1行11根，第2行7根，第3行6根。请你将火柴棒排成8根一行，要求只调动3次，并且每次调入某行的火柴棒数必须和这一行原有火柴棒数相等。

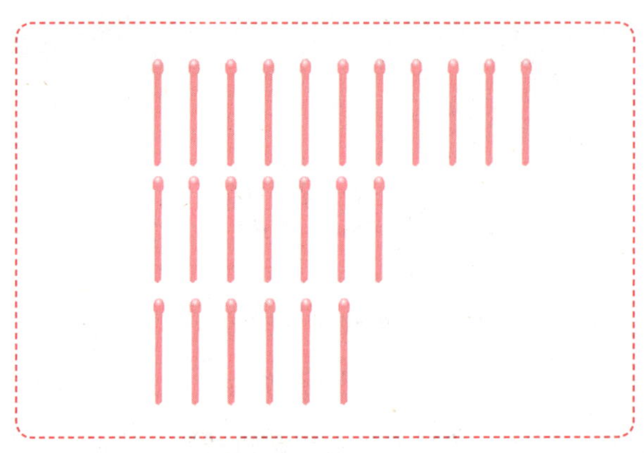

10.共同点

3幅图中有一个共同点，你找到了吗?

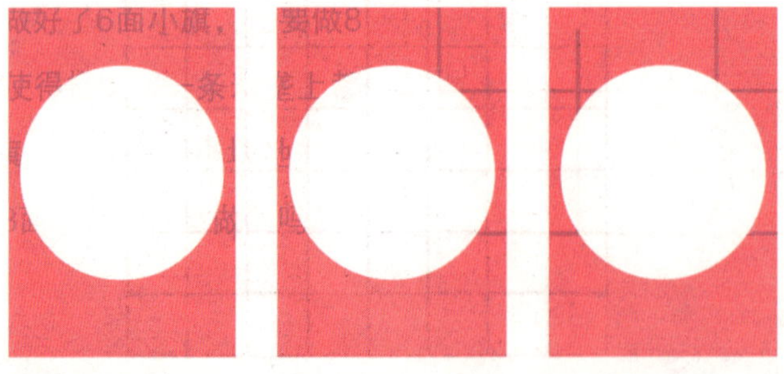

11.9星图

找出规律，给问号处填上恰当的数字。

12.正确的时间

安娜正在梳妆，从镜子里面看到了反射的时钟，显示的时间如右图所示，她不看实际的钟表能知道正确的时间吗?

13. “T”出来

大家都玩过七巧板，可以拼出各种图形，但是只用其中的4块就可以拼出一个英文字母“T”，你相信吗?

14.联想

看了下面的几组图之后，你有什么联想?

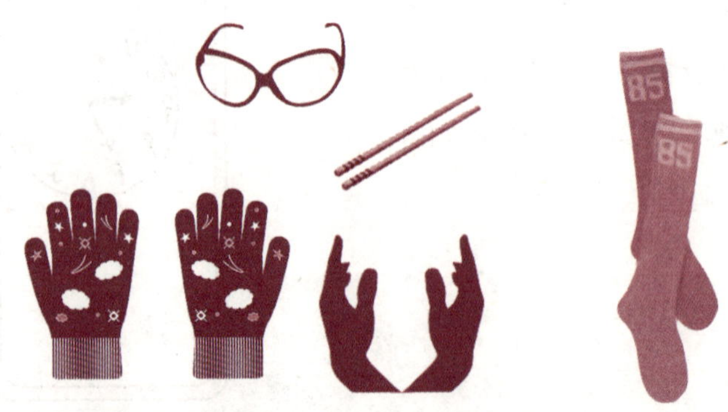

15.移动水杯

有3个水杯，中间的一个水杯杯口朝下，两旁的杯口朝上，如图1。只移动其中的一个水杯，把三个水杯变成中间的杯口朝上，两旁的杯口朝下，如图2。这道题的答案很简单，你想到了吗?

16.最好的类比

5个答案中哪一个是最好的类比?

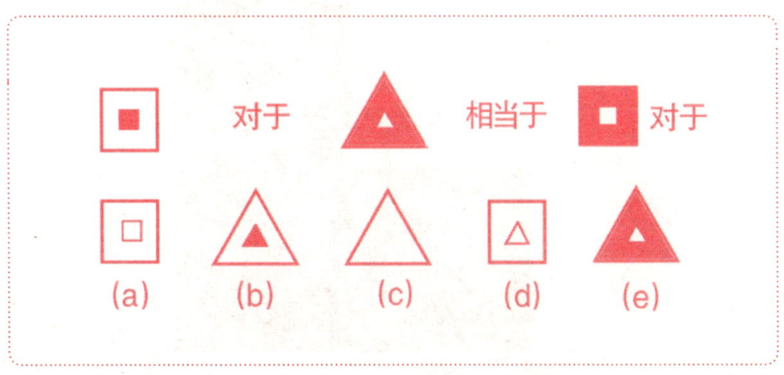

17.送外卖

今天叫外卖的顾客格外多，工作人员要把外卖送到各个顾客家中，如果送外卖的路线不能重复，最后回到商店，工作人员应该怎样去送呢?

18.图形克隆

大家都知道克隆吧，这里有一道经典的图形克隆题。将下面的图形平均分成4份，要求每一份的形状和原图一模一样，你能克隆出来吗?

19.数图形

数一数，下图中的三角形、长方形和六边形各有多少个?

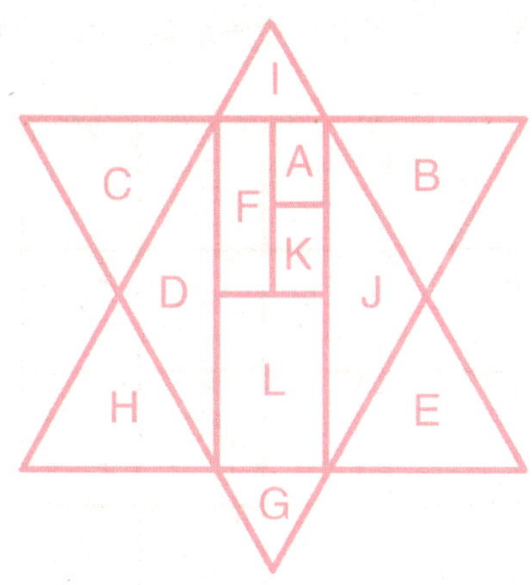

20.简单的难题

有5个全等的直角三角形，其中斜边长是短直角边长的2倍，在其中一个三角形中剪一刀就可以将这5个三角形拼成一个正方形，你知道该怎样做吗?

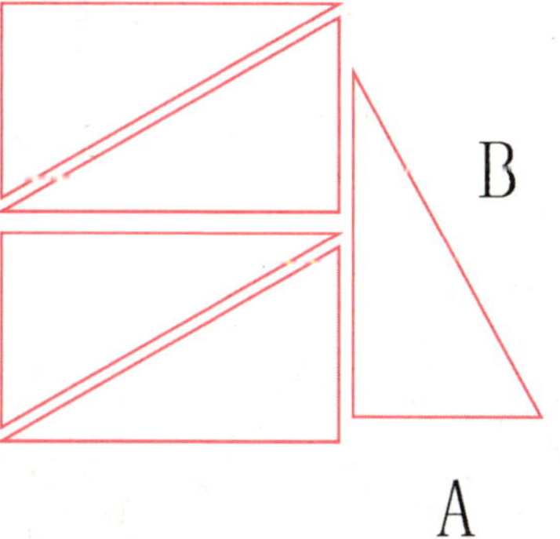

21.纠错

下图从1A到3C的9个小方格中的图形，是由上方A、B、C与左边1、2、3两图相叠加而成。但其中有一个图形叠加错了，请找出来。

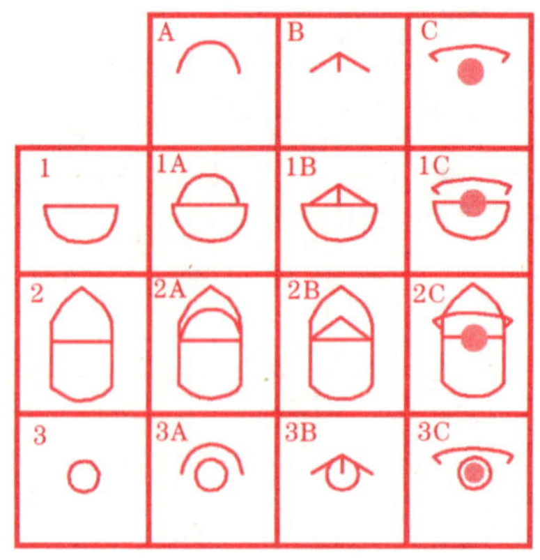

22.智力拼图

给出的3个零散图形可拼成下图的哪一图形?

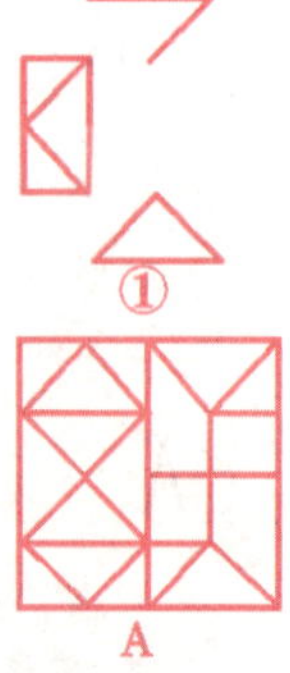

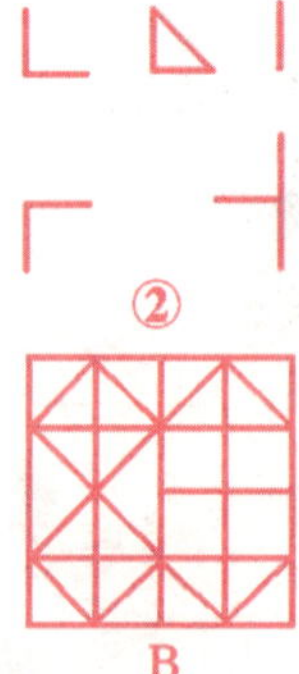

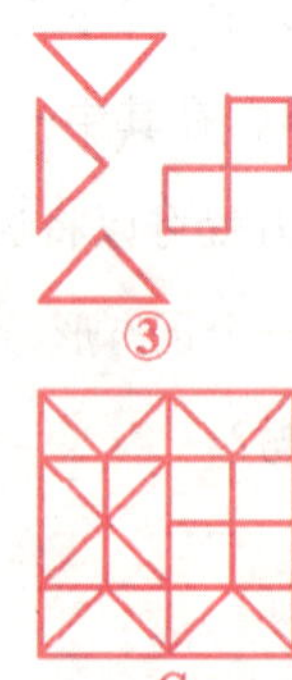

23.对应图

根据下边图形的组成规律，你知道问号处是什么图形吗？

24.交换时针和分针

如果时针和分针交换，它还能表示同一时刻的时间吗？

25.一比四

如图所示，你觉得是四个圆的面积大还是一个圆的面积大?

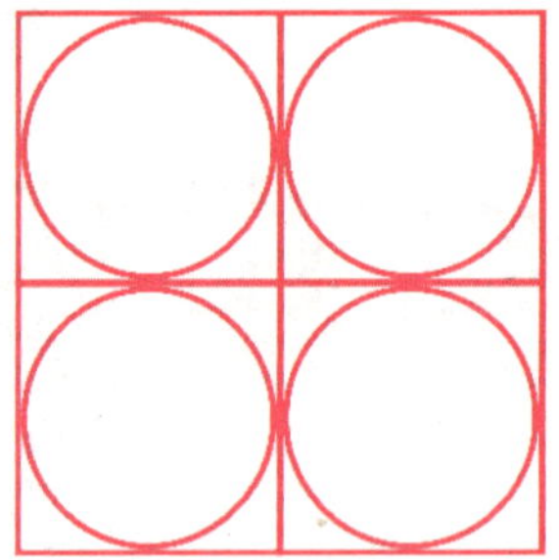

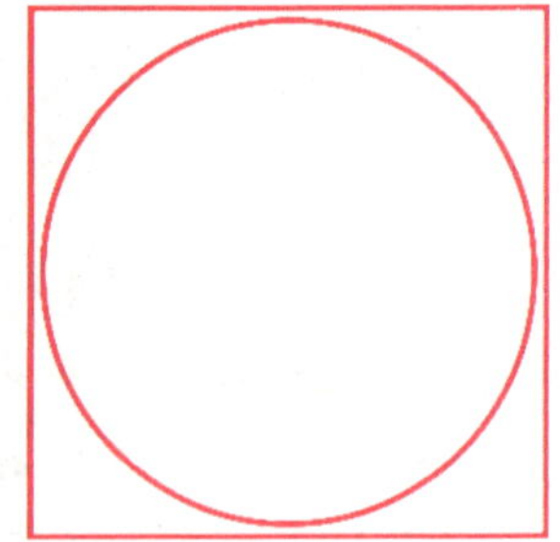

26.箭头的方向

请仔细观察图中给出的箭头，根据规律，给空格内填上符合规律的箭头。

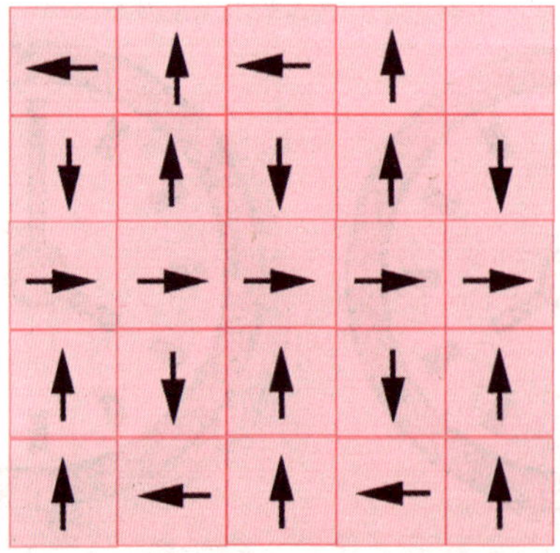

27.复杂的图形

请你数一数在下面这个复杂的图形中有多少个正方形？有多少个三角形？

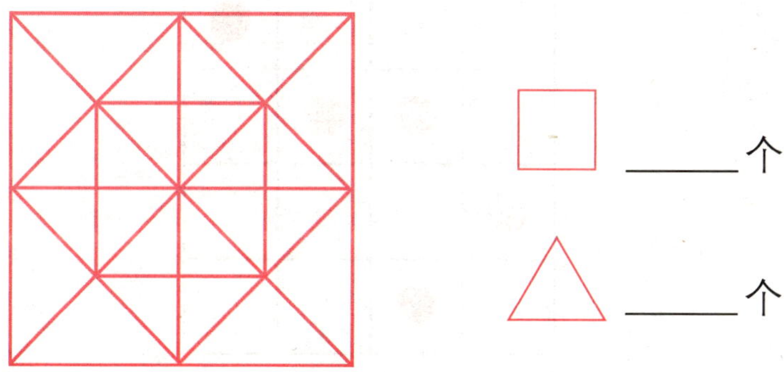

28.连线谜题

在左图的中间，你是否能看到一个并不存在的正方形？将这4颗星星用4条线段连起来，线段不能穿过圆圈的实线段，而且第4条线的末端要接上第一条线的起头。

29.图形对称

围棋上的一角已经摆下了5颗棋子，如果要想使上下左右的图形都对称，那么还需要再摆出几颗棋子?

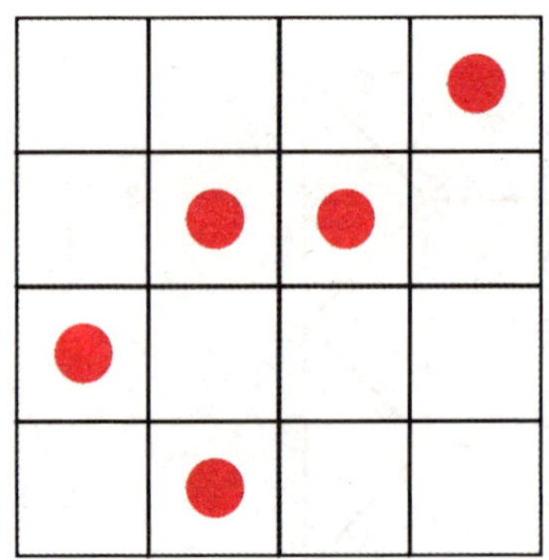

30.找不对称的图形

对称分上下对称、左右对称和旋转对称，但在下面4组图中，只有一组与其他三组都不对称，请找出。

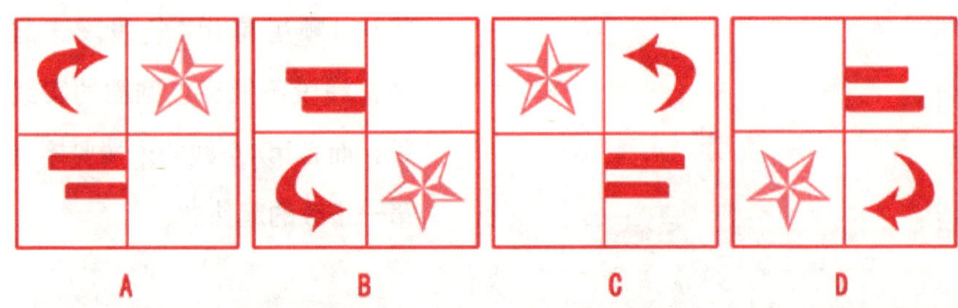

31.符号与数字

图中的每一种符号均代表一定数值。请问，右侧的问号处应是什么数字?

30	50	42	38	
△	○	○	△	36
♥	○	△	♥	24
✹	✹	✹	✹	?
♥	○	△	○	32

32.考考你

如右图所示，你知道表格中的问号处应填入什么数字吗?

A	B	C	D	E
6	2	0	4	6
7	2	1	6	8
5	4	2	3	7
8	2	?	7	?

33.百变图形

用2个弯曲的三方格图形（如下图）能组成多少种不同的图形？

34.翻转问题

一共有7列包含不同符号的木板，木板可以上下翻转，如果要使每一行的符号种类和数量都相同，最少需要翻动几列？

35.与众不同的图形

下面5个图形中，有一个图形与其他4个不同，请把它挑出来。

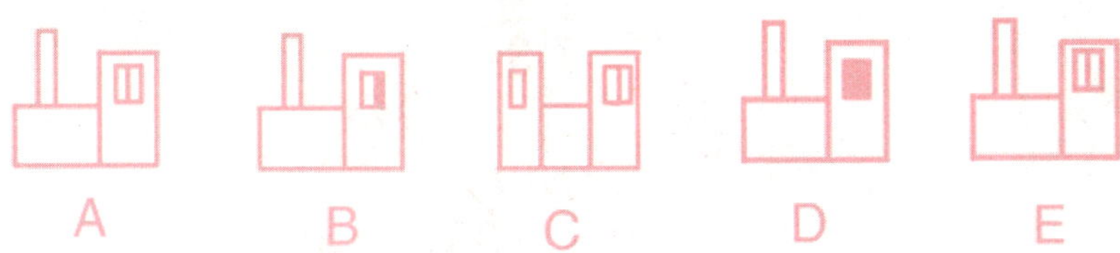

36.找长方形

图中一共可以找出多少个长方形?

37.数字填空

按照图中数字的排列规则，问号处应该填什么数字?

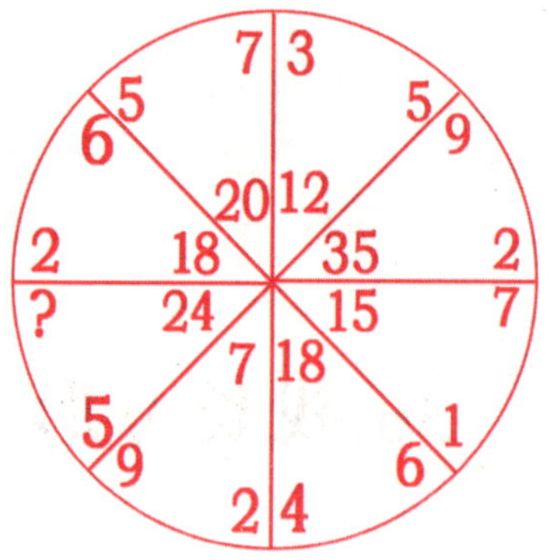

38.奇妙幻星

你能将1～19的数字填入右图六角星的19个交点上，构成一个幻星，使每一条线上的5个数字之和都相等吗?

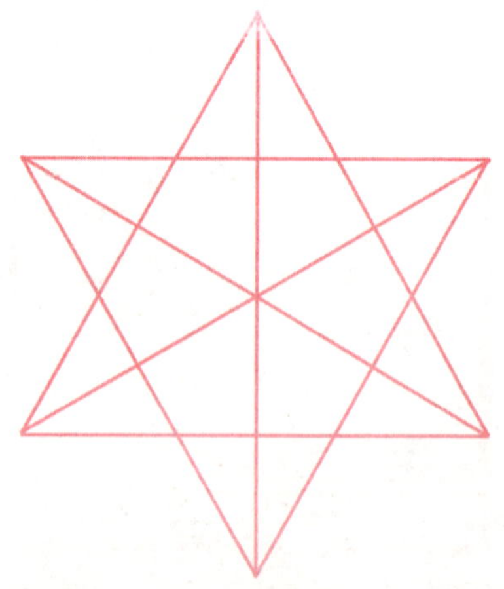

39.三角形填空

根据规律，最后一个三角形右下角缺一个什么样的符号？

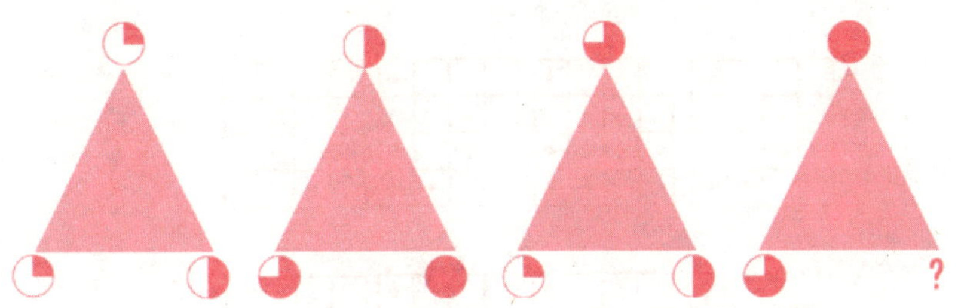

40.找图形

A、B、C、D中，哪一个是上排图形中的一个？

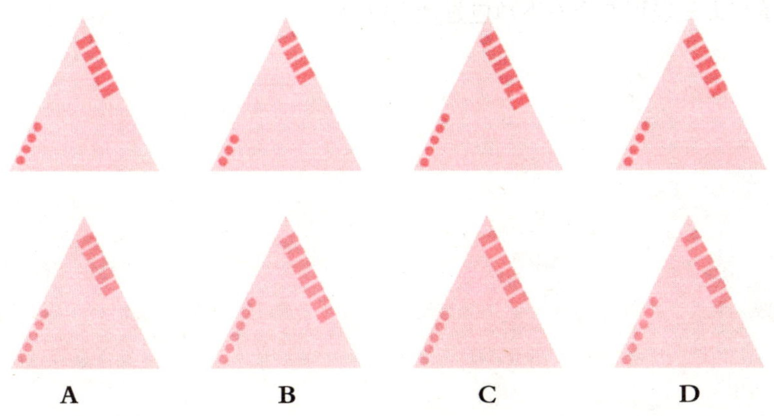

41.依序找图

你能根据前面3个图形的排列规律，从A、B、C、D4个图形中选取一个放入“？”处吗?

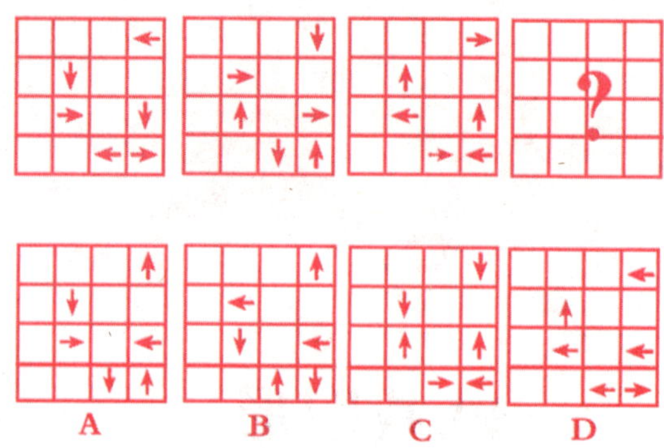

42.该填什么符号

请问第三块正方形右下角应是什么符号?

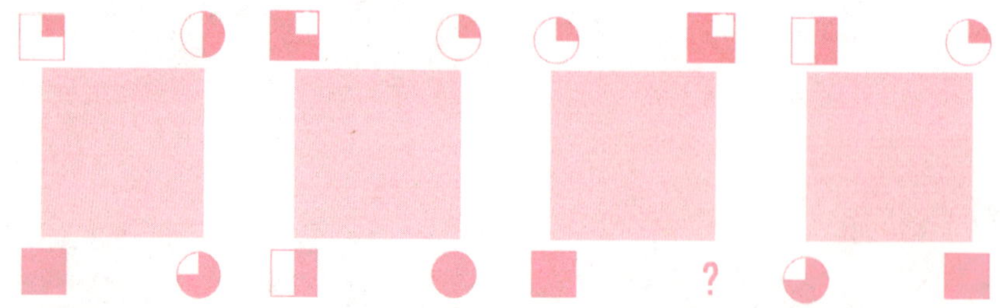

43.复杂的系统

下图中是一个平衡的系统，那么你知道应该在最右边的盒子里放入多重的物体吗?

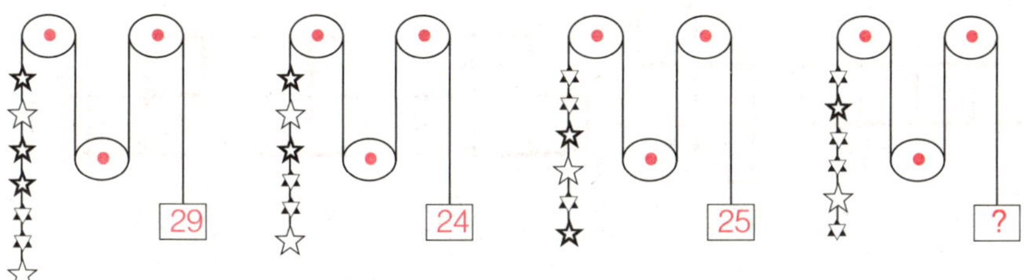

44.图形转转转

将左图中4个圆圈转动180度，形成一个常见的几何图形。

45.拼独特的图案

四格拼板是用4个小正方形组成不同的形状的图案，一共可以组成5种图案（如下图）。五格拼板则是用5个小正方形拼起来的图案。

请问：五格拼板可以拼多少种独特的图案呢?

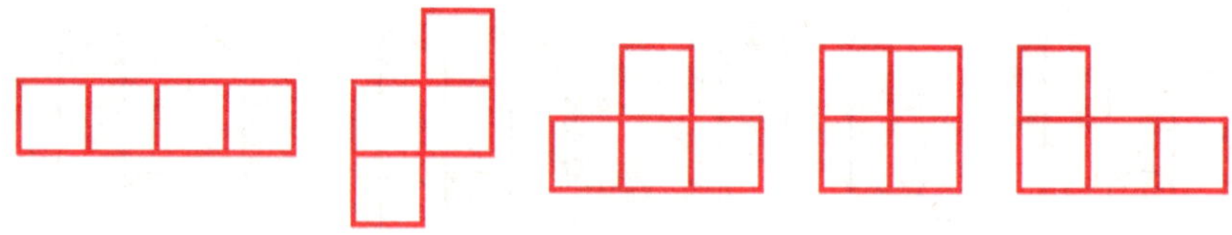

46.时钟上的数字

从12:00到24:00之间，时钟上一共会出现多少次至少有3个数字一样的情况?

47.填什么图形

图中问号处应是什么图形?

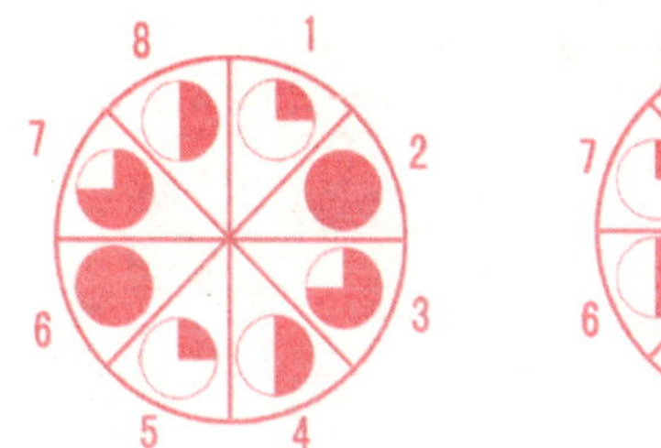

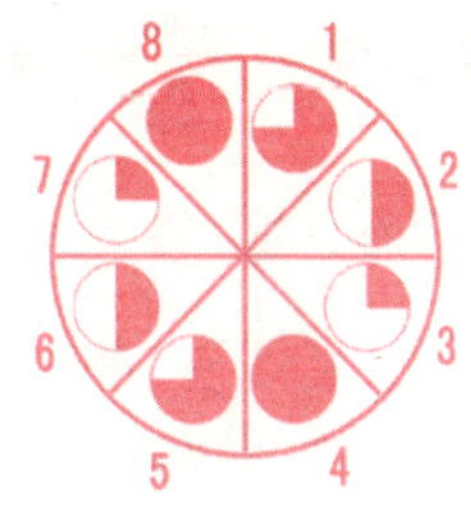

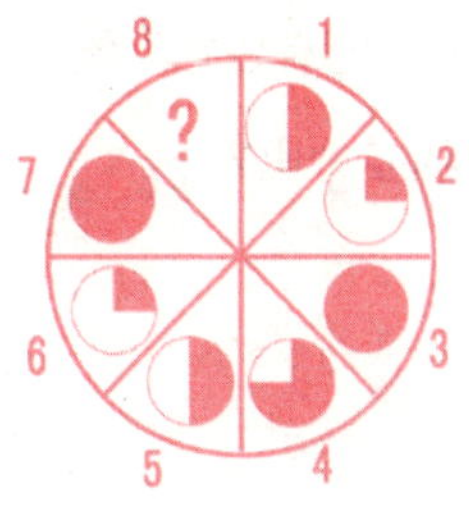

48.选图填空

观察这个由六边形组成的图案，找出打问号的六边形里应该填什么图案。

A

B

C

49.旋转的图形

右图6个图形中，有4个图形可由同一图形旋转不同的角度得到，但有2个不能，你能找出不能的2个吗？

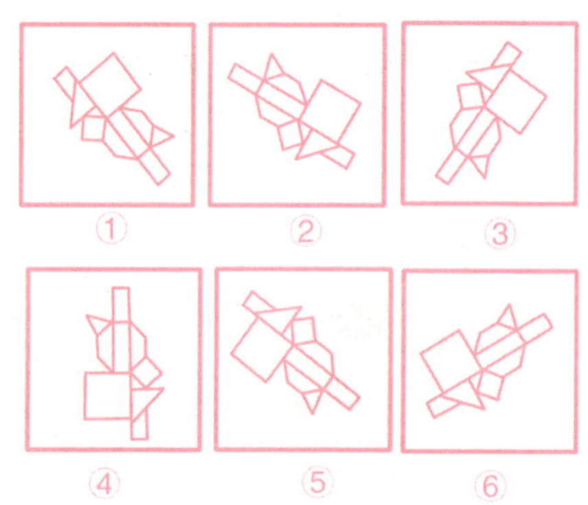

50.面积减小了

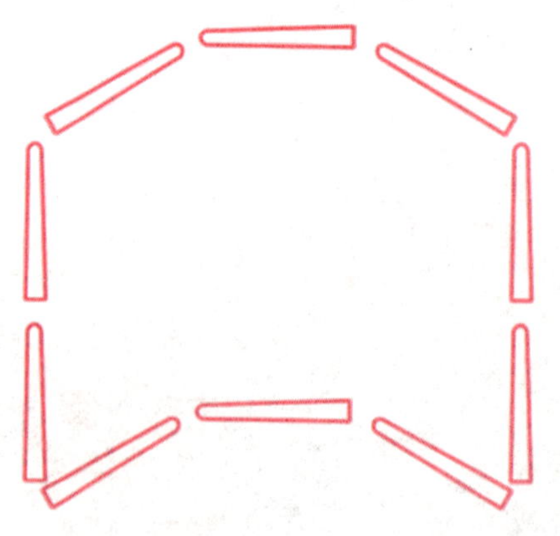

如图所示的图形是由10根木棍组成的，如果再增加两根木棍，并且可以移动图形中的一根，要怎样做才能使图形的面积减少1/4?

51.找正方形

图中一共能找出多少个正方形?

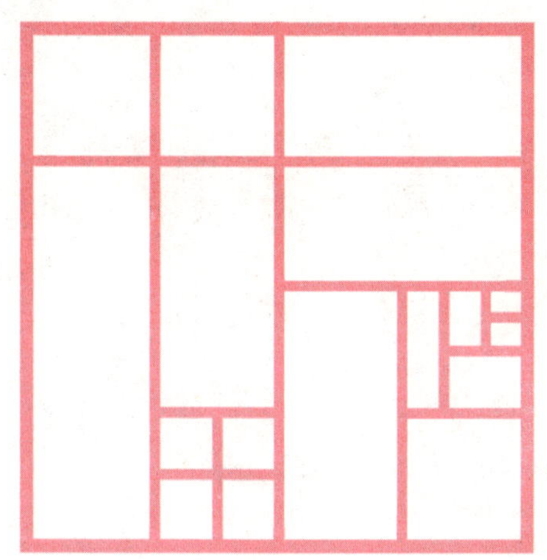

52.分图片

这里有5张大小不一、形状又不规则的图片，现在要把它们各自分成形状、大小都一样的两块。该怎么分?

53.六角星变长方形

这是一个六角星，如果要把它拼成一个长方形，该怎么拼?

54.魔幻正方

用12根火柴棒可以摆成4个相等的正方形。那么你能完成下面的变形吗?

①拿掉2根火柴，变成2个正方形；

②移动3根火柴，形成3个相同的正方形；

③移动4根火柴，变成3个相同的四边形；

④变动5根火柴，变成10个正方形。

55.有多少纸带

你觉得下面的图形中有多少条纸带？它们是分开的吗？

56.巧摆正方形

用12根火柴棒可摆出1大4小5个正方形。变换一下，看你有没有办法摆出2大3小的5个正方形。

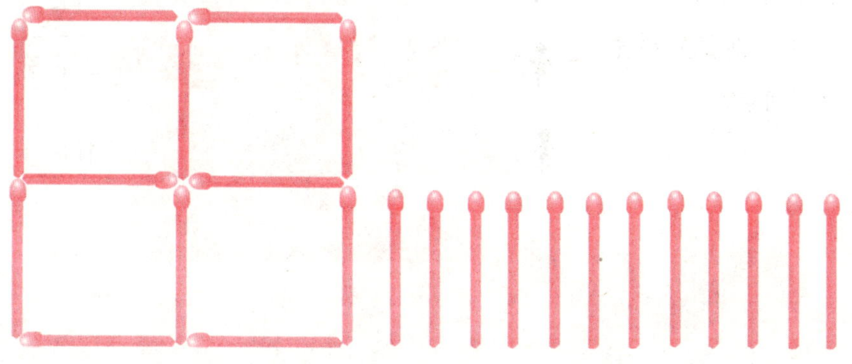

57.表格中的奥妙

表格中的数字有一定的摆放规律。请你找出规律，并求出A、B、C的值。

58.怎样回家

现在有3个小朋友分别在离家很远的另一个地方，要穿过各个街道才能到达自己的家，然而在各个路口都有不同的指示路牌，而且每一个十字路口都至少有一个方向不能转弯，如果严格遵守路牌指示的话，这3个小朋友分别要怎样走才能回家?

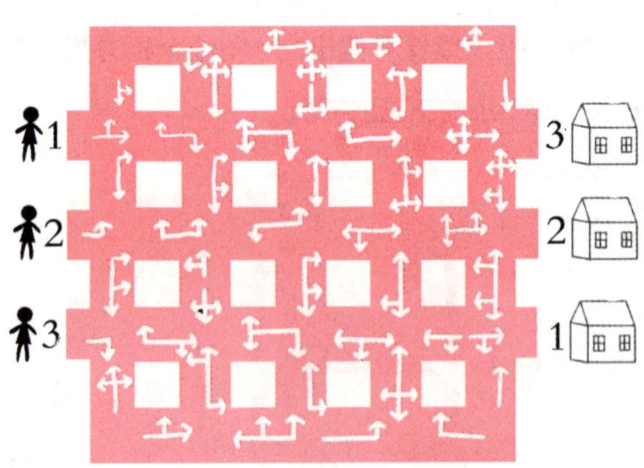

59.四等分图形

你能将下面6个四边形分成4个形状、大小完全一样的且与原四边形相似的小四边形吗?

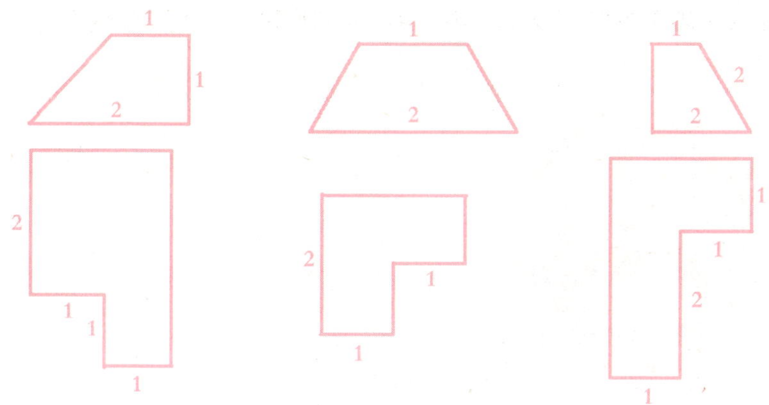

60.拱形门

这里有一个拱形门的木板，主人想将这块木板用到其他地方，如果你是木匠，只锯两下就能把木板锯成6块吗?

61.只准剪一刀

你能在这两个图形上只剪一刀，然后将它们拼成一个正方形吗?

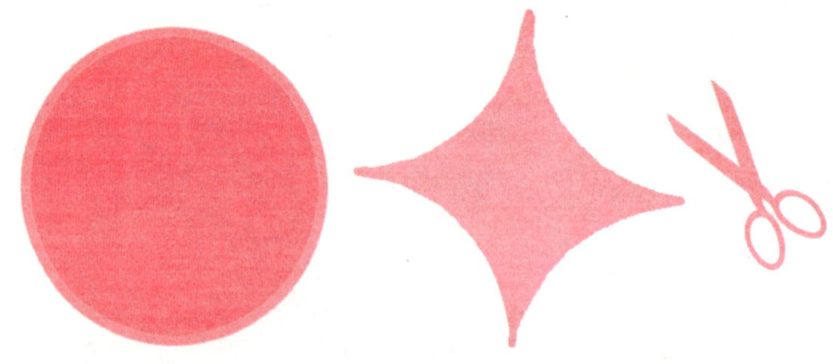

62.毛巾变身

家里的毛巾被狗狗撕碎了一块，成了如右图的形状，主人不愿意浪费，想利用它做一个正方形的小毛巾来给狗狗洗澡用，你能帮主人想想办法吗?

63.搭桥

你能将13块红砖或砖形模具、积木搭成右图的桥形吗?

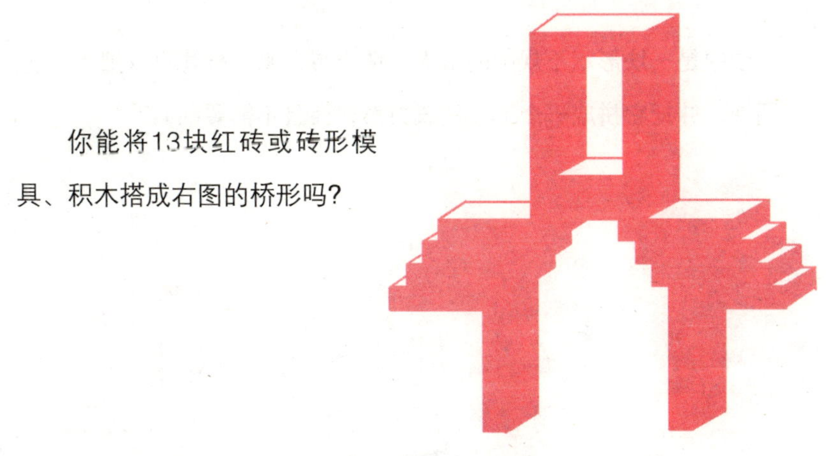

64.12颗棋子

12颗棋子平均地分布成3行，用线段连接使之成为一个闭合的图形，在这个过程中笔不能离开纸面，这样最少需要多少条线段才能做到?

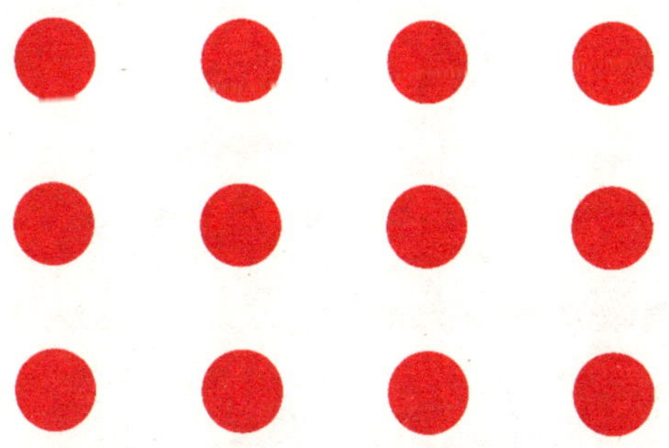

65.拼长方形

图中是一块形状不规则的木板。请想想，怎么样才可以把木板切成两块，并把它拼成一个3×5的长方形，而且不需要翻面?

第三章

计 算 篇

算术是数学这门学科的基础，因此学好它至关重要。本章游戏主要帮助青少年朋友拉近与算术之间的距离，让他们对算术产生亲近感，进而更喜欢数学，并提高数学思维的能力。

1.一条道走到黑

在一个由正五边形和五角星构成的图形中，其中每一条边只能朝着一个方向前进，你能找到可以一次经过5个顶点的路线吗？图中的箭头很重要哦！

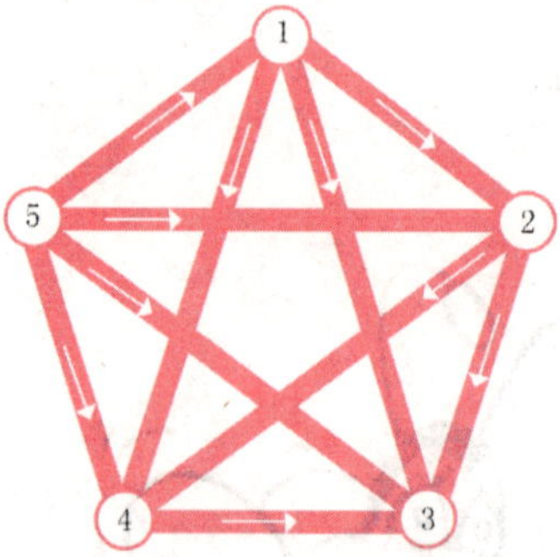

2.扫地雷

日本鬼子在一块5×5的空地上埋了几颗地雷，想用来阻挡共产党的进攻，可是他们在慌忙中露出了线索，有几块标志牌忘记了回收，这些标志牌上面都标明了数字，表示附近地雷的数量。如果你是共产党的指挥员，你能根据这些线索判断出地雷的准确位置并找出它们吗？

	2			
			0	
	2	2		1
			1	
1				

3.平分图形

有办法将下面的图形分成2等份吗?

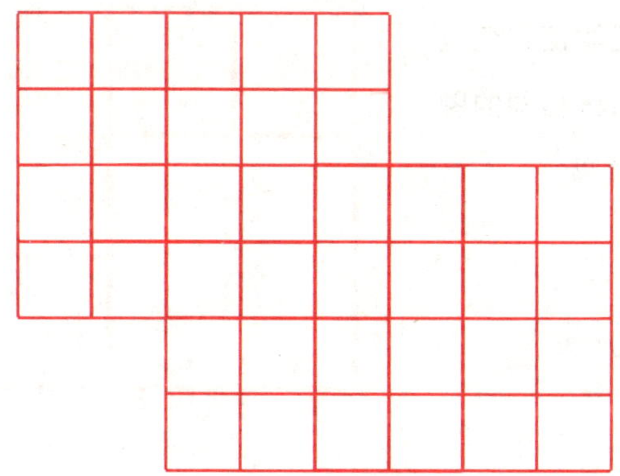

4.答案为1

在下面的数字中挑选出5个进行运算，得出的答案为1。请你找出这5个数，并说明按什么顺序进行运算?

+190	×12	−999	×4
−87	+29	×9	−576
−94	+65	×22	−435
×7	×8	+19	+117

5.巧分四块

右面的图形是由24根牙签摆成的，移动其中的2根，就能使它变成4个形状和面积相同的图形，你想试试吗?

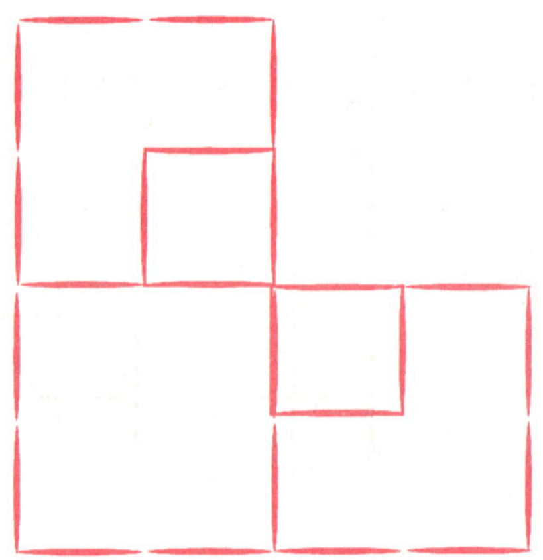

6.旗帜飘飘

有一块麦子地，经常被小鸟啄食，为了驱赶鸟儿让它们不敢靠近，主人决定在麦垄上插上小旗，现在已经做好了6面小旗，还要做8面小旗，使得横竖每一条麦垄上都有3面小旗，并且每一小块地的陇上也要有3面小旗。你能做到吗?

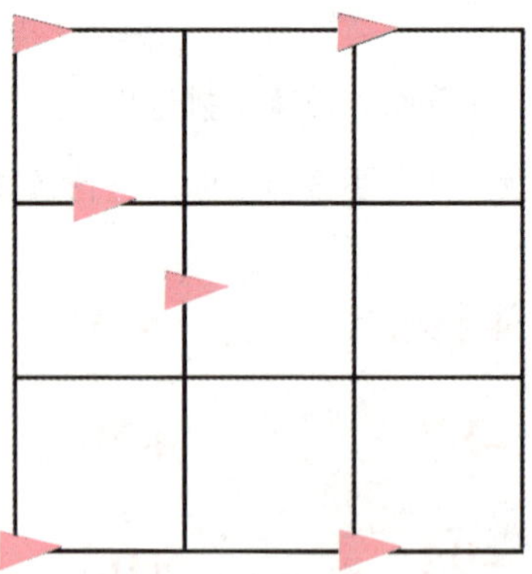

7.一笔成方

有5个正方形彼此连在一起，如果要求你一笔画完，而且不能重复已经画好的线，也不能穿过画好的线，你该如何做呢?

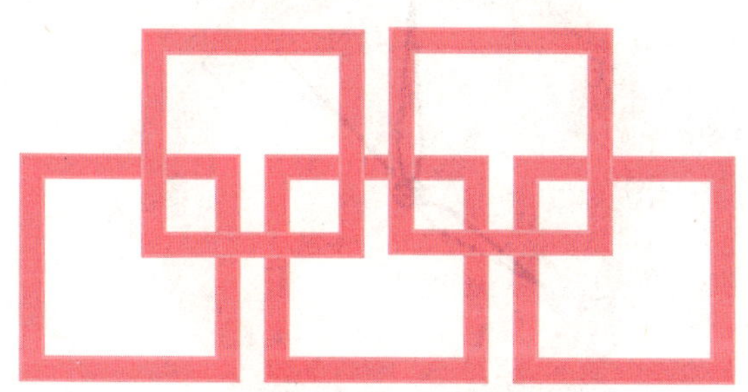

8.闪闪的红星

五角星中都有5个三角形，并且这些三角形的内部都没有其他的线条。现在在五角星上加上两条线就能变成10个三角形，除了三条边之外内部也没有多余的线条。试试看你能做到吗?

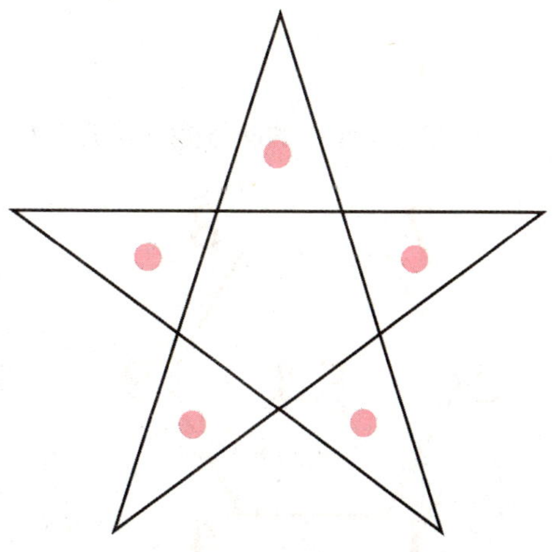

9.重合的指针

如果精确到秒，这个时钟的所有指针下次重合是什么时间？

10.找规律填数字

你知道下图中的问号处该填哪个数字吗？

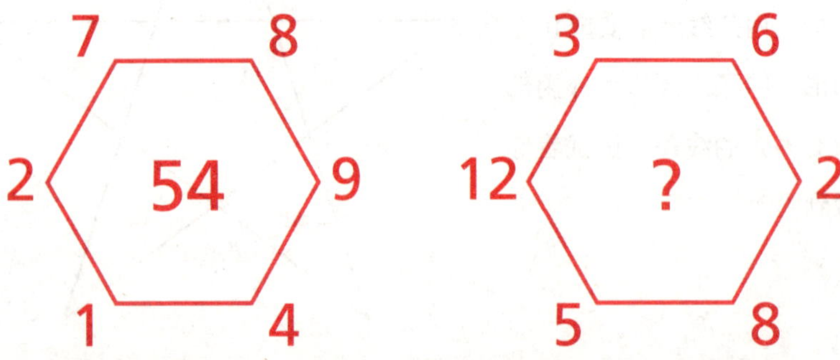

11.调换位置

现在6个方格中分布着5颗棋子，要求将“兵”和“卒”的位置调换一下，但是不能把棋子拿起来，只能把棋子推到相邻的空格中，如果不考虑其他棋子的位置，最少要推动多少次才能实现调换。

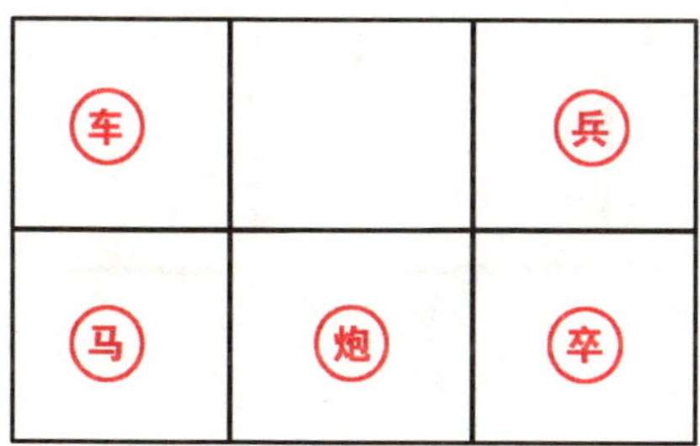

12.电路连接

小明家里突然停电了，叫来电工师傅来维修，师傅发现原来是电路连接出了问题，想要解决问题必须重新连接。里面有8根线，分别对应着号码相同的导线，把对应的两条线连接起来，并且任意两条线中间没有交叉才可以，师傅不一会儿就修好了电路。小明很好奇，师傅究竟是怎样做的呢?

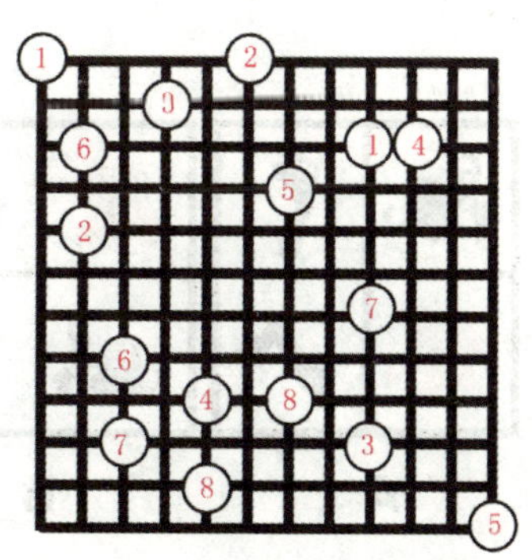

13.变公鸡

请你移动下图中的一根棍子，将鸭子duck变成公鸡。

14.对称与不对称

下面有一组是不对称的，你能帮我找出来吗？

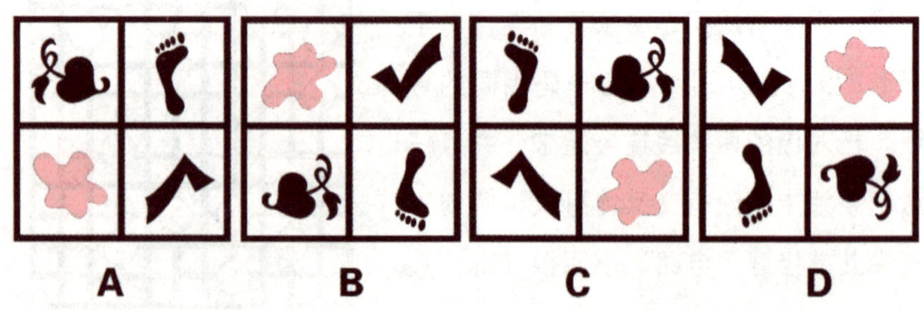

15.红心

一个圆圈中呈十字形状分布着9颗红心。现在我想用三个小点的圆圈把这些红心都分开，并且这三个圆圈要一样大，我该怎么办？

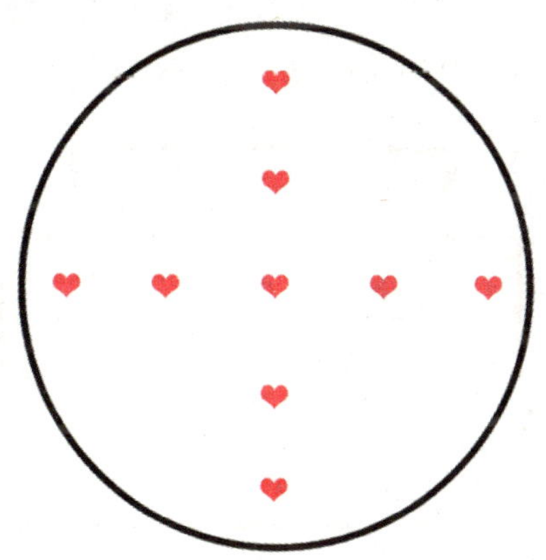

16.有趣的灌木

公园的管理员觉得一个花坛太单调了，于是园丁在花坛中种了一些灌木。有趣的是这些灌木是两个正方形的图形，花儿也被分开了，这样煞是好看。管理员对园丁大力表扬了一番。请问园丁是怎样种灌木的呢？

17.巧铁匠

生意上门，顾客拿出一块不规则的铁片，想把铁片分成大小形状相同的5块来做工具，于是请老铁匠帮帮他。老铁匠不愧为镇上最能干的铁匠，很快就分好了。你知道这块铁皮被分成什么样了吗?

18.飞起来吧

现在有4只小鸟都飞不起来了，因为它们都只有一只翅膀了，你能不能不用任何材料就帮助它们飞起来呢?

19.丢手绢

体育课上老师让小朋友们分成4组来玩丢手绢的游戏，需要四块手绢，可是仓库里面只剩下一块花布了。为了让小朋友们好好地玩游戏，老师决定把这块花布分成大小形状相等、图案相同的4块，最后四个小组都能开开心心地玩游戏了。你知道老师是如何办到的吗？

20.一眼看穿

有4幅图，都是由3个彼此相交的圆组成的，你能一眼看出其中与另外3幅图不同的一幅吗？

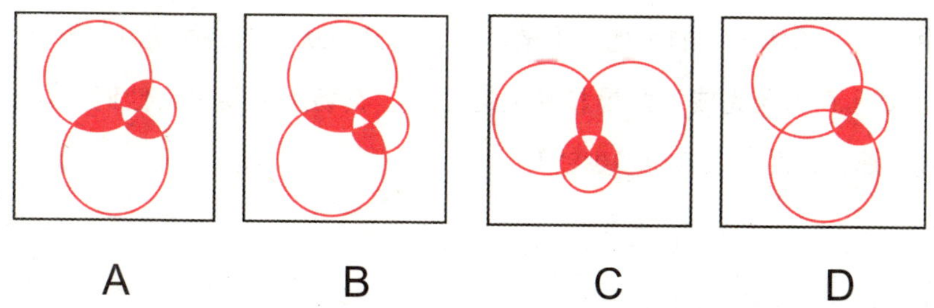

21.猜点数

每一个骰子都有6面，现在有3颗骰子并排放在一起，共有18个面。而7个面是能够看见点数的，你要做的就是算出其他11个面的点数之和。

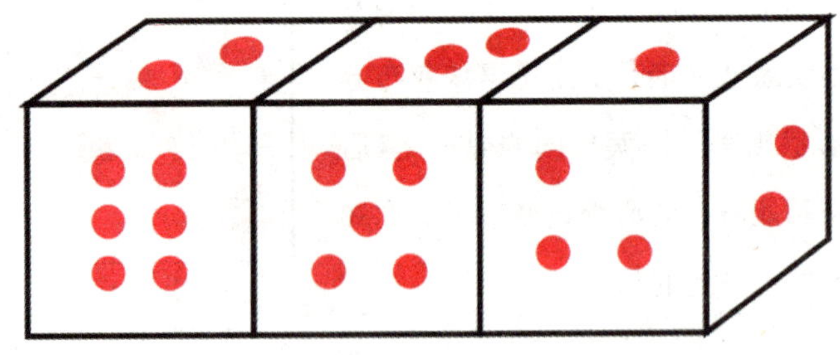

22.两人的工钱

一个农场主雇了两个工人开垦荒地，并把开出的荒地都种上农作物。甲开垦荒地的速度是乙的两倍，但乙种植的速度是甲的三倍。他让甲、乙各承包一半的土地。于是，甲、乙分别从荒地的两边开始开垦，两人用了10天完成了开垦和种植的工作。农场主一共付给他们1000元钱。那么，两个人各得多少钱?

23.字母谜题

下图是由一些英文字母组成的序列，有一个字母被遮住了，仔细观察字母的排列规律，填出正确的字母，解开谜底。

24.画图

前面3张图是按照一定的规律来排列的，你能根据前3张的变化规律，选出第四张图吗?

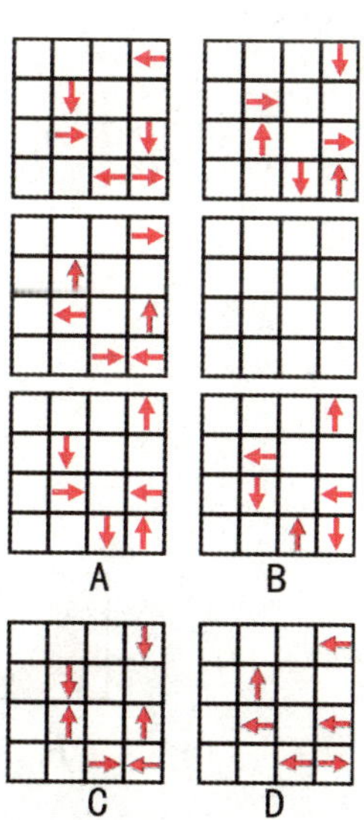

25.解放

右面的12根牙签凌乱地散落在地上，想要解放出最下面的一根牙签吗？那就必须一根根拿掉压在它上面的牙签，拿掉每一根的时候上面必须没有其他的牙签压着，你觉得应该用什么顺序来一一解放这些牙签？

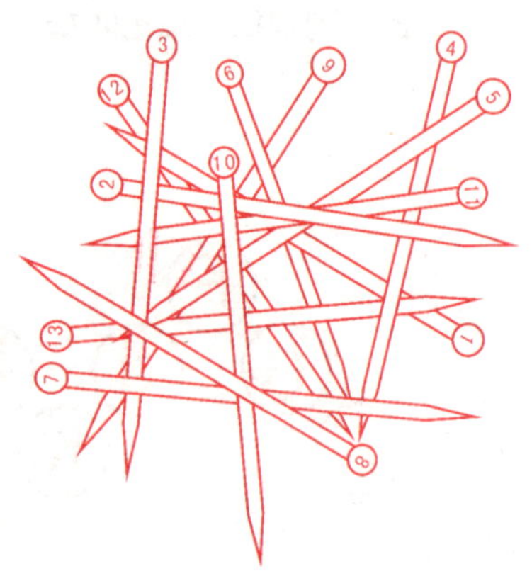

26.被撕掉的墙纸

墙上的墙纸被别人撕掉了一小块，你能判断出哪一块才是被撕掉的那一张吗？

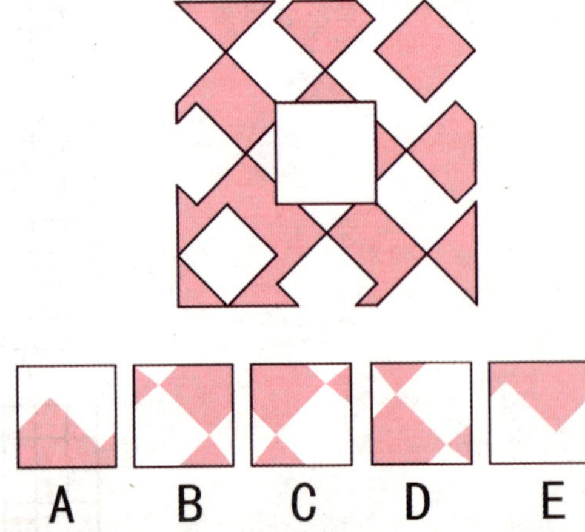

27.养殖场分割

养殖场里面的家禽数量越来越多了。为了便于饲养，主人想把养殖场上的一块地分成5块小一点的，要求竖立8块栅栏，并相互对称，而且要使每一小块里面都有2只鸡、3只鸭和4只鹅，他应该怎样分割才能实现?

28.各有不同

现在有菱形、正方形、星形、心形和圆形5种图形，要将这些图形填入图中的方格中，已经填好了一部分，请你把空缺的部分补充完整，使得每一行每一列和对角线上的5种图形各有一个。

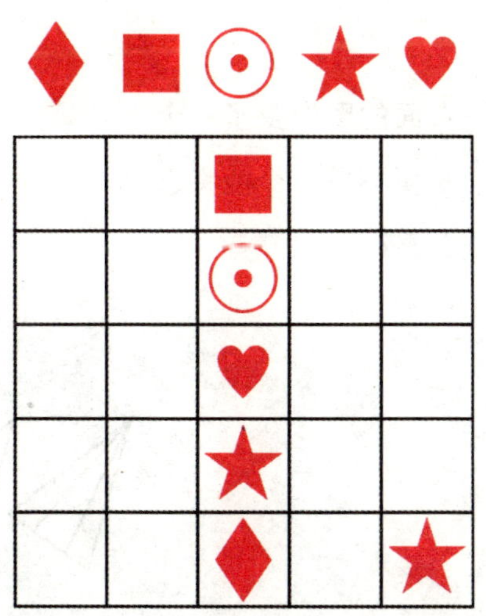

29.几点了

你知道最后一个时钟的时间吗?

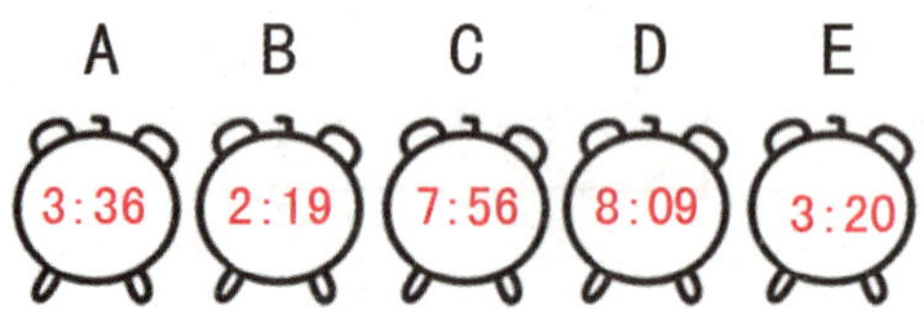

30.少了一角

右面的图中少了一个角，你觉得哪一个能将它补充完整?

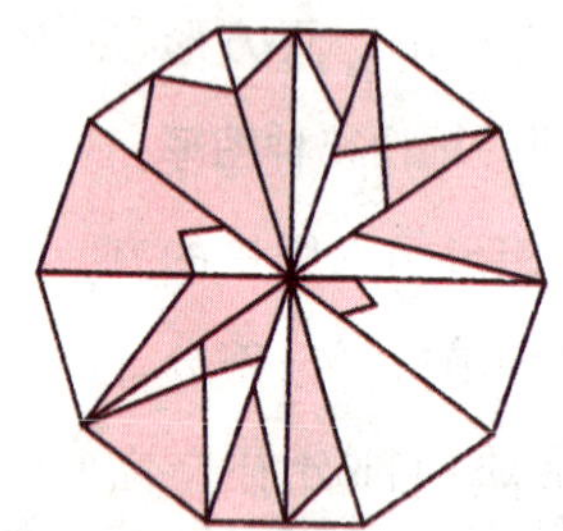

31.取回宝藏

森林里面有一批宝藏，必须要到河的对岸才能取回来。在河上面有一些石头，只有通过这些石头才能到达对岸，但是这些石头上面设置了一些机关，每一排石头只能踩一块，一旦踩错就会发动机关，可能死于非命。所以请你慎重考虑，究竟应该踩哪几块石头呢。

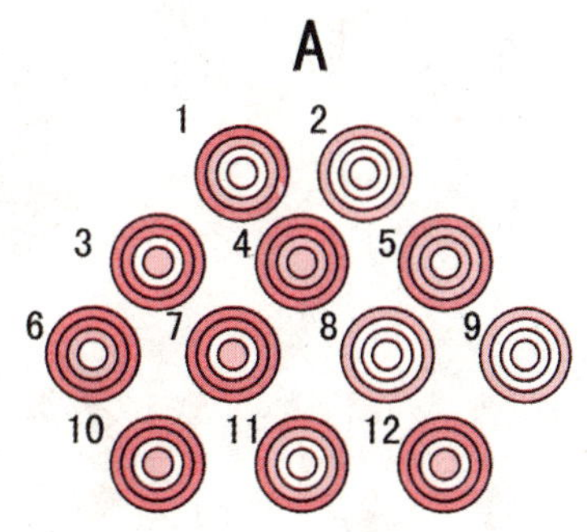

32.快乐音符

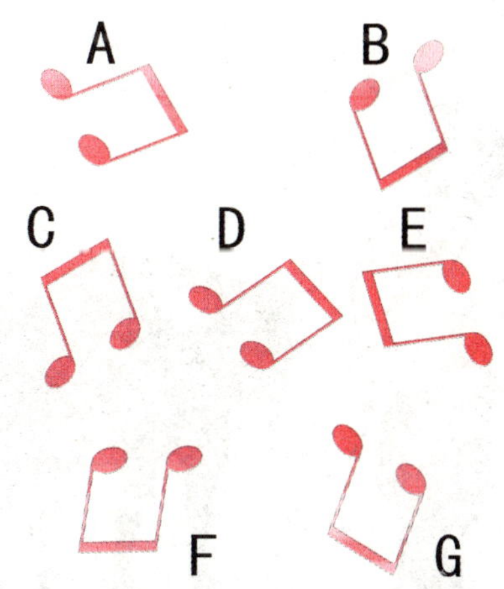

你喜欢音乐吗？现在用音符让我们来放松一下，这里有7个音符，可是里面似乎有一个不太和谐，找出这个音符，就可以聆听到动听的音乐了。

33.图形对应

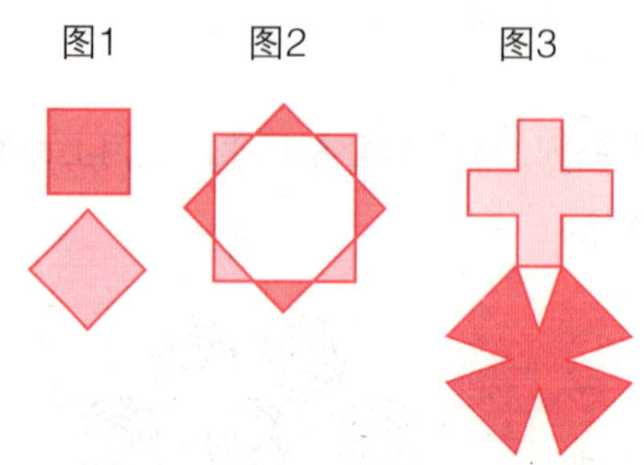

图形1和2对应的话，那么图形3和哪一个图形对应?

34.遗书分牛

一农场主在遗书中写道：妻子分全部牛数量的一半加半头，长子分剩下牛数量的一半加半头，次子分再剩下牛数量的一半加半头，幼子分最后剩下牛数量的一半加半头。结果一头牛没杀，一头牛没剩，正好分完。农夫留下几头牛?

35.母子的年龄

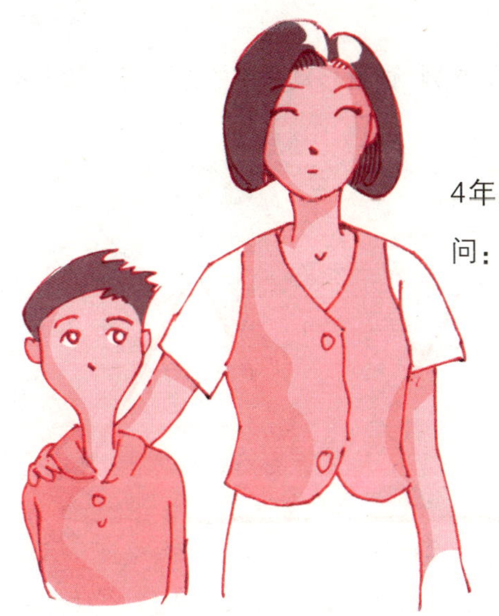

华华的妈妈今年比华华大26岁，4年后妈妈的年龄是华华的3倍。请问：华华和妈妈今年各几岁?

36.三点构图

这里有A、B、C三点，很简单就能构成一个三角形，可是如果要求每一个点必须在每一条边的中点上，能轻松地做到吗?

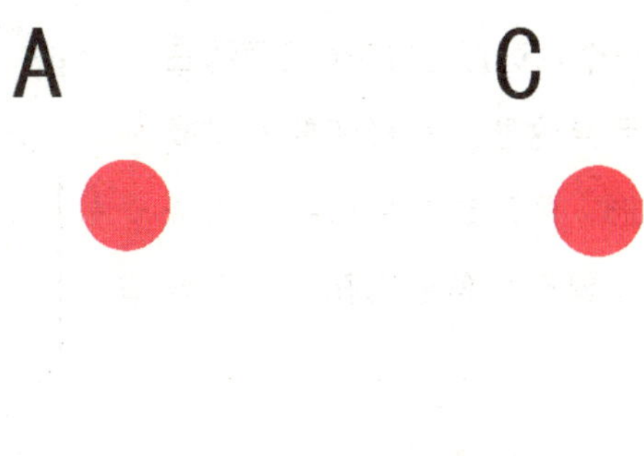

37.神奇的三角

有3个用牙签搭出的三角形水平并列，试着移动其中的2根牙签，变出4个三角形和3个平行四边形来。

38.八角图

把一个八边形分成8个相同的三角形，而且这些三角形还要能组成一个星形，同时这个星形要有八个尖，中间要有八角形的孔，你能画出来吗?

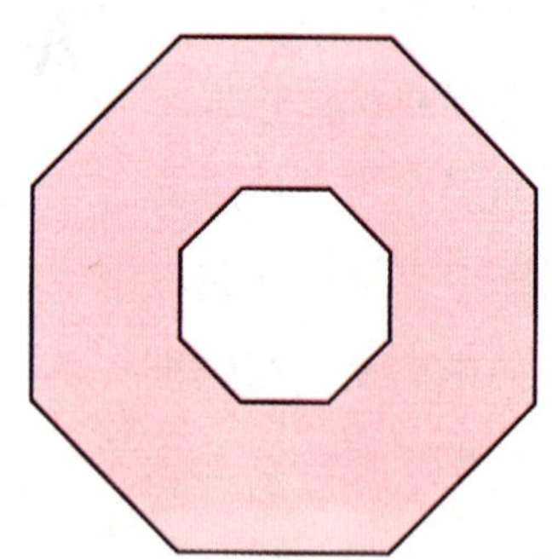

39.毕氏三角数

如果两个平方数的和恰好等于第三个平方数，这样的三个数叫做毕氏三角数。某些毕氏三角数有一定的规律，请看下列毕氏三角数：

$3^2+4^2=5^2$；

$5^2+12^2=13^2$；

$7^2+24^2=25^2$；

$9^2+40^2=41^2$；

$11^2+60^2=61^2$；

$13^2+84^2=85^2$；

你能推出下一组毕氏三角数吗？

40.倒金字塔

找出问号所代表的数是多少？

41.能上下颠倒的数

0、1、8、11是四个能上下颠倒后还是一样的数，你能找出下一个有这种特性的数吗?

42.快速计算

已知：A×B=12，B×C=13，C×D=14。那么，A×B×C×D=?

43.扑克游戏“24”

在工作的休息时间，大李和老王开始玩一种扑克计算游戏，这种游戏的规则是：任意抽四张牌，每张牌代表一个数字，比如方块7代表7，红桃K代表13，要求用加减乘除四种基本运算，将每个数字用一遍，使得计算结果为24。谁先算出来谁便获得这四张牌，最后以获得全副牌者为胜。大李抽了四次牌，他是这样算的：

（1）1，2，3，4四个数：1×2×3×4=24。

（2）2，3，4，5四个数：（5－2+3）×4=24。

（3）3，4，5，6四个数：（3+5－4）×6=24。

（4）4，5，6，7四个数：4×（7−6+5）=24。

老王也抽了四次牌，他抽到的牌却比较难：

（1）4，4，10，10。

（2）5，5，1，5。

（3）9，9，6，10。

（4）1，4，3，6。

老王不知道该怎么算，你知道吗?

44.问号里的数字

请找出问号处所代表的三位数。

556736853060

2171564 60

268 2314?

45.多少种搭配方法

琪琪有7条裙子、9件上衣、4双皮鞋。把这些衣服鞋子混在一起，共有多少种搭配方法?

46.沙滩晨练

某警犬训练基地早上在沙滩上晨练，一队战士牵着一队警犬排成一路纵队从训练场上跑过。指导员数了一下刚跑过去的战士和警犬的脚一共是890只，政委数了一下战士和警犬的个数一共是360个。

请你想一想在刚刚过去的战士和警犬的队伍里面，有多少名战士和多少只警犬?

47.字母算式

下列算式中，每个字母代表 0 ~ 9 中的一个数字，而且不同的字母代表不同的数字。如何破解等式?

$$AB \times A = CAD$$

48.费脑子的组合

（1）用10以下的3个相同的数组成得数为30的式子，你能组几个？

例如：10+10+10＝30。

（2）相同条件的得数改为20，你能组几个？

49.求值

根据提示求出未知数的值。

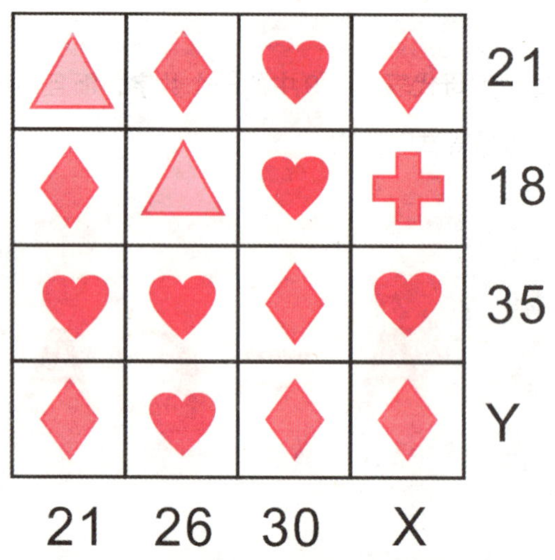

50.图形组合

将右面的碎片拼成一个圆形，那么黑线部分所组成的图形会是什么？动手操作一下吧，你会知道答案的。

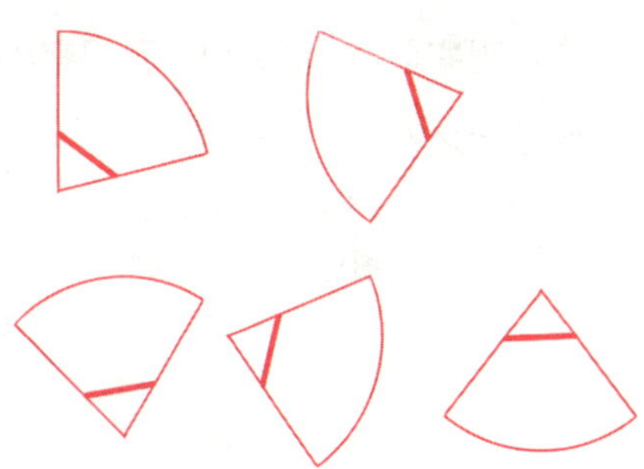

51.钓了多少条鱼

大张、老李和小王周末的时候出去钓鱼。回来的时候碰上一位同事，同事问他们每人钓了几条鱼。老李自豪地说："俺老李钓的鱼跟他们两个钓的数量加起来一样多。"大张说："小王钓到的最少，不过要是把我们3个人钓的条数相乘的话，一共是84条。"

想一想，大张、老李和小王他们各钓到了多少条鱼？

52.取而代之

仔细观察前面的3幅图，再观察A-D的4个图形，你觉得哪一个能将问号取而代之?

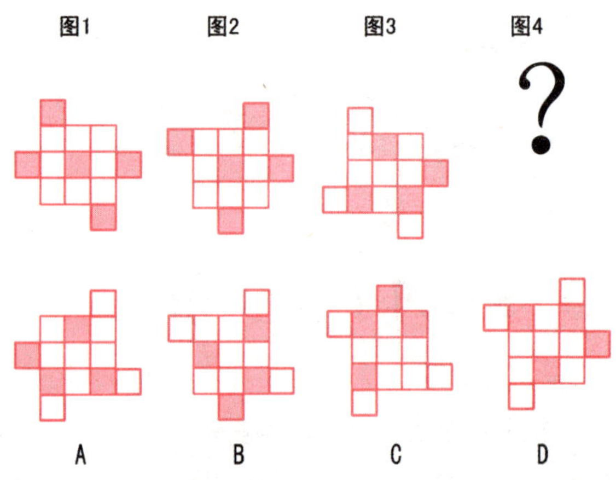

53.不变的值

图中的算式题结果是100，怎样从中拿走3根火柴棒，使它的结果仍为100?

54.结果是30

用29根火柴棒排成5个数字，使这5个数字相加的和是30，你知道是哪5个数字吗?

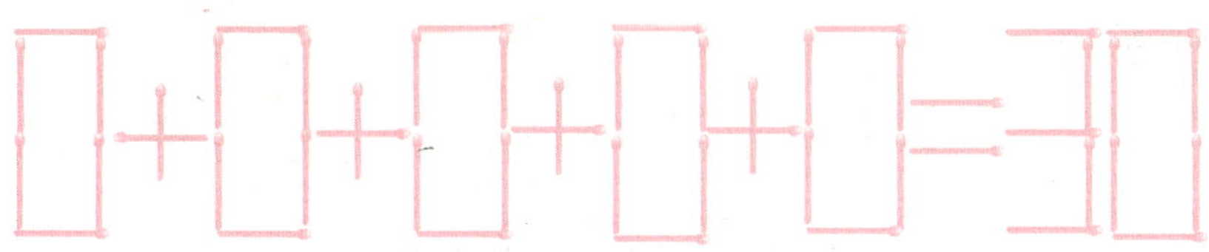

55.区域求和

将下面的格子分成6个相同的部分，使每部分的数字之和都为100。

18	6	4	30	47	29
45	30	6	18	17	2
1	21	1	42	23	5
3	28	7	17	1	6
44	4	32	43	30	40

56.数字金字塔游戏

数字金字塔共有6层，最底层6个数字，这6个数字靠近的两个相加得到上一层的5个数字，同样这5个数字靠近的两个相加得到再上一层的4个数宁。现在这个金字塔有些数字已经看不到了，你能根据已有的数字推出其他的数字吗?

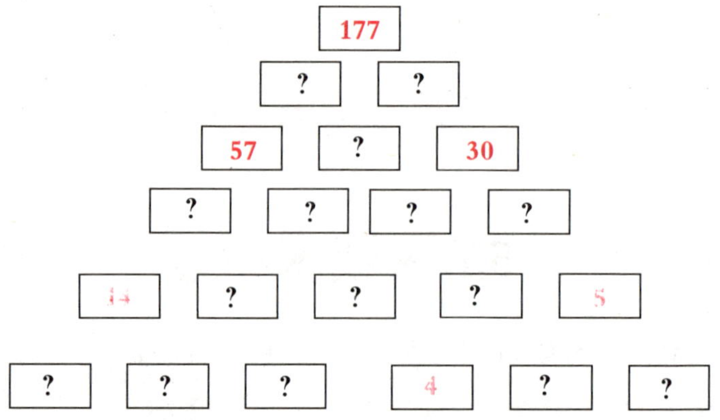

57.巧填数字

这一数列的最后一个数字是什么?

1 3 2 6 4 12 8 24 ?

58.数学迷的游戏

亨利和杰克是一对数学迷，有一天两人一起碰到亨利的3个熟人A、B、C。杰克问起那3个人的年龄，亨利说：你很喜欢数学，我告诉你几个条件：①他们3个人的年龄之积等于2450；②他们3人的年龄之和等于我们两人的年龄之和（杰克当然知道亨利的年龄）。现在，你能算出他们的年龄来吗？杰克根据这两个条件算了好一阵，摇摇头对亨利说：我算不出来。亨利笑了笑说：我知道你算不出来，我再给你补充一个条件，他们3人都比我俩的熟人露斯——你当然知道露斯的年龄——要年轻。杰克马上回答：现在我知道他们的年龄了！

说了这么多，下面才是本题的真正问题：露斯的年龄是多少？

59.透视眼是怎样形成的

在一个黑箱中有很多面双面小镜子，它们呈不同的角度排列着，黑箱的右上方有一个洞，而黑箱的左下角有一个灯泡，你能将其中的镜子选择10面来转动90°，使从右上角能看到左下角的灯泡吗?

60.面积比

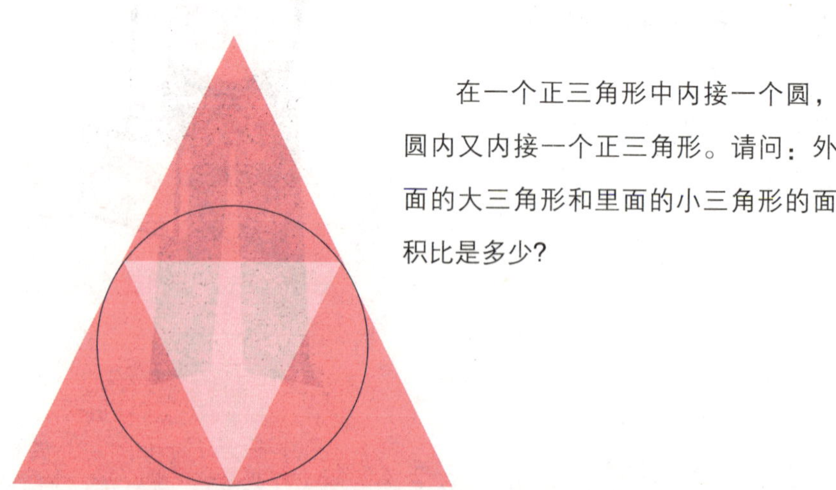

在一个正三角形中内接一个圆，圆内又内接一个正三角形。请问：外面的大三角形和里面的小三角形的面积比是多少?

61.半个柠檬

多多把柠檬总数的一半加半个放在屋子的东面，把剩下的一半加半个的和的1/2放在屋子的西面，另一个被藏在冰箱上面，已知柠檬的总数少于9个。请问多多一共有多少个柠檬?

注意：柠檬不能切成半个。

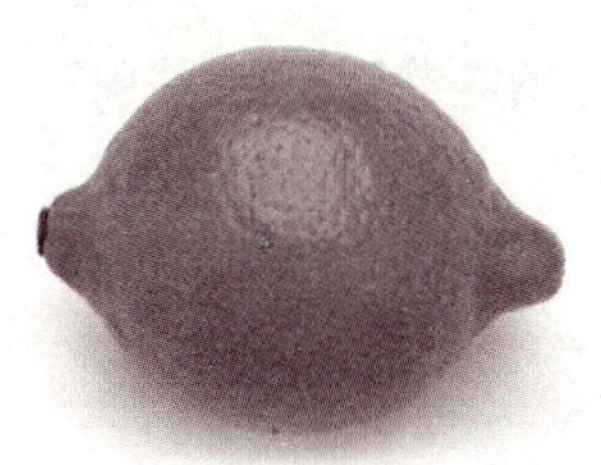

62.身影

将这些黑色的图形，放入白色方格的背影中，你就能看到一个熟悉的身影，你知道它是什么吗?

63.体积会增加多少

冰融化成水后，它的体积减小1/12，那么当水再结成冰后，它的体积会增加多少呢?

64.城市之间

右下图中的黑点表示的是城市的数量，针对每一张地图，你能找到每个城市之间连接的最短线路吗?

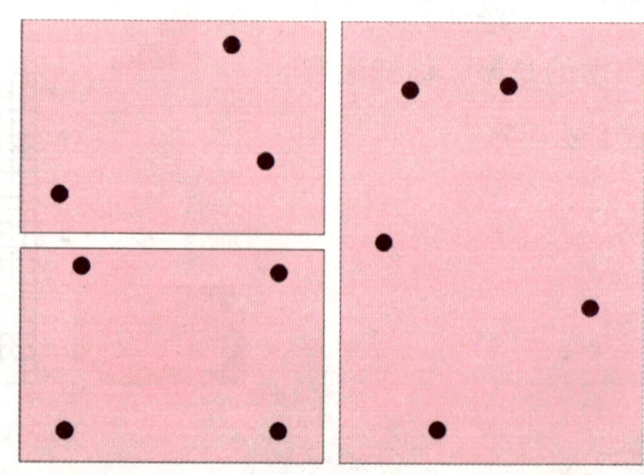

第四章

推理篇

分析力可以帮助青少年朋友用超人的眼光去判断问题，寻找成功之路。本章的游戏通过分析话语、图形等的内在联系与规律，帮助大家提高规律分析的能力，探寻解决问题的方法。

1.另一条路线

右图中的路线连接了27个点，共弯曲了26次，现在还有另外一条路线，也能在弯曲26次的情况下连接27个点。试试看能不能找出来。

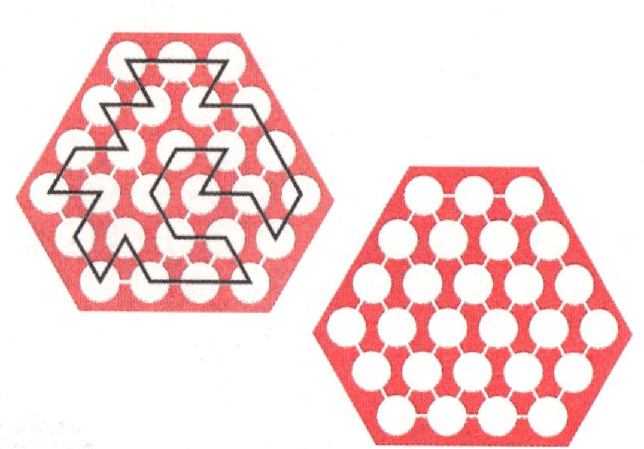

2.看图填数字

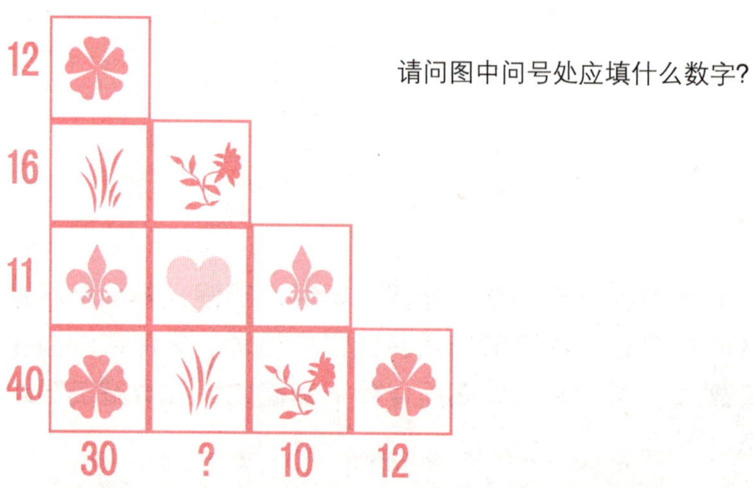

请问图中问号处应填什么数字?

3.思维大智慧

已知公式：

```
  DONALD
+ GERALD
--------
  ROBERT
```

以上共有10个字母，每一个字母代表阿拉伯数字中0～9中的一个，已知D=5，请您在5分钟之内计算出其余9个字母代表的数字。

A=?	B=?	D=?	E=?	G=?	L=?	N=?	R=?	O=?	T=?

4.如何种树

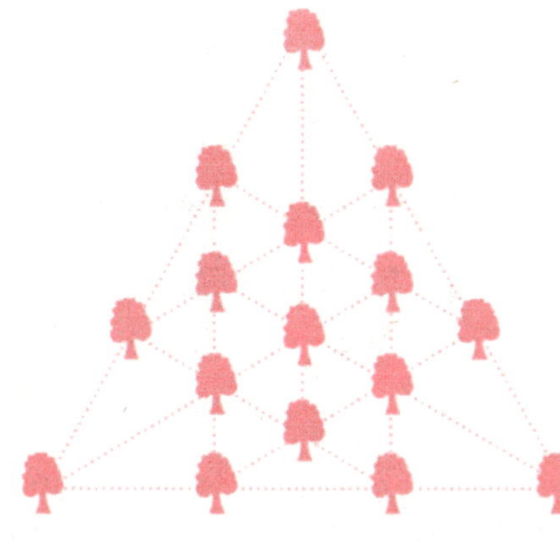

有一块地上栽着16棵美丽的树，它们形成12行，每行4棵树（如左图）。其实，这16棵树可以栽成15行，每行4棵树。你知道应当怎样栽种吗?

5.复杂的碑文符号

考古人员在希腊进行发掘工作时，让一批奇异的古代遗迹重见天日。他们发现很多纪念碑的碑文上反复出现下面这个由圆和三角形组成的符号。

这个图可以一笔画出，线条都不重复地画过两次以上。不过，如果采取那种更为一般的，允许同一线条可以随意重复画过的画法，只是要求用尽可能少的转折一笔画出这个图形，它无疑会成为很好的一道趣味题。你知道怎么画吗?

6.变三角形

10枚硬币排成倒三角形，如果要变成正三角形，只允许移动3枚硬币，该怎么移?

7.比面积

有两个三角形，一个三角形的三边是3，4，6，另一个三角形的三边是300，400，700。哪一个三角形的面积大?

8.猜谜语比赛

皮皮和琪琪进行猜谜语比赛，答对一题得6分，答错一题扣3分，最后皮皮得了80分，琪琪得了77分。可能吗?

9.消失的颜色

仔细看右图，想想图中打问号的圆圈该填什么颜色?

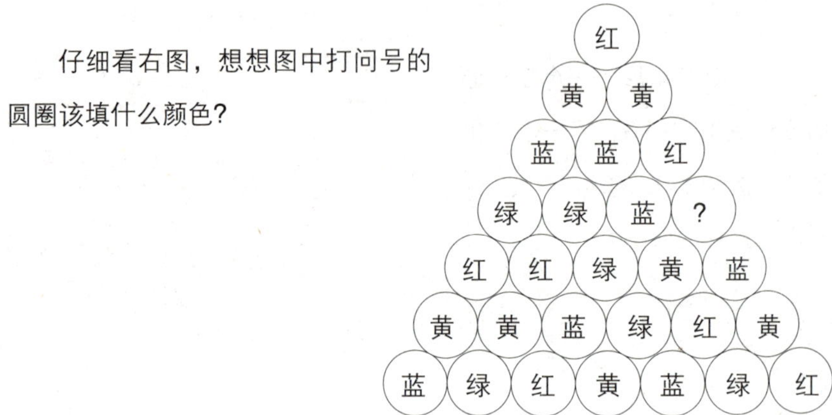

10.三个数

有三个不是0的数的乘积与它们之和是一样的。请问：这三个数是什么?

$$X \times Y \times Z = \square$$

$$X + Y + Z = \square$$

11.数字游戏

9			3			4		5
7	4				2		3	
			6				1	
	1		8		6			
4	9						8	3
			4		1		9	
	2				9			
	7		1				6	9
1		9			3			7

这是一道比一般数字游戏难一点儿的题目。要求不仅每一行、每一列和每一个九宫格里必须包含1~9这9个数字，而且还要求在两条主对角线上也必须包含1~9，你能做到吗?

12.地图

小童住在甲区，她的朋友婷婷住在乙区。一天，婷婷想去小童家玩，小童该如何以“最简单”的方法（路程不一定是最短的）告诉婷婷用右面的地图找到甲区?

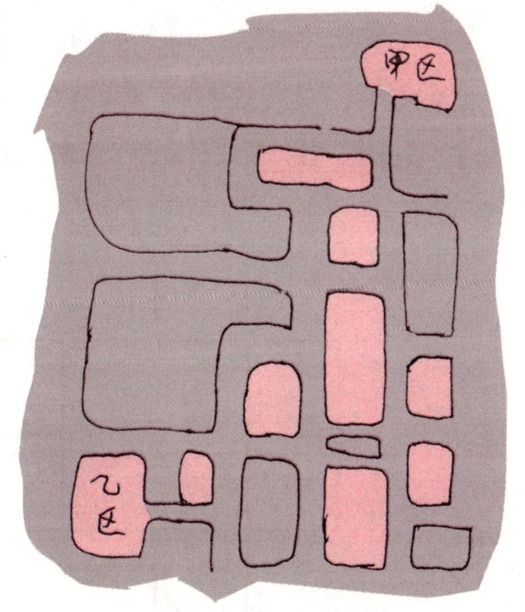

13.空白面积

下面两幅图中，哪一幅空白部分的面积大?

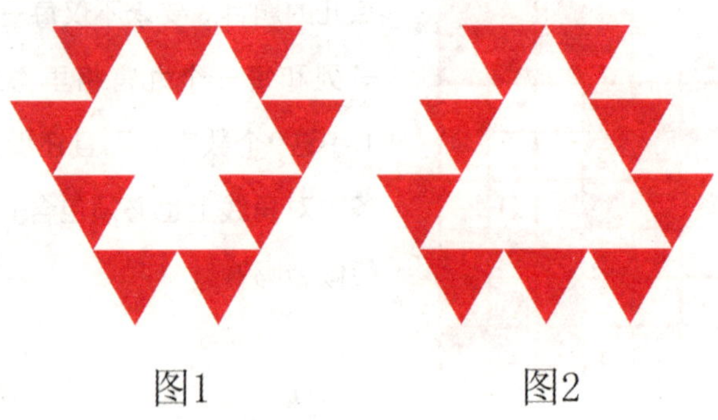

图1　　　　图2

14.新增住户

动物园迎来了两位新成员，原来的7个房间不够住了，动物管理员移动了4根栅栏，就为新成员做好了新家。你知道动物管理员是怎样做到的吗?

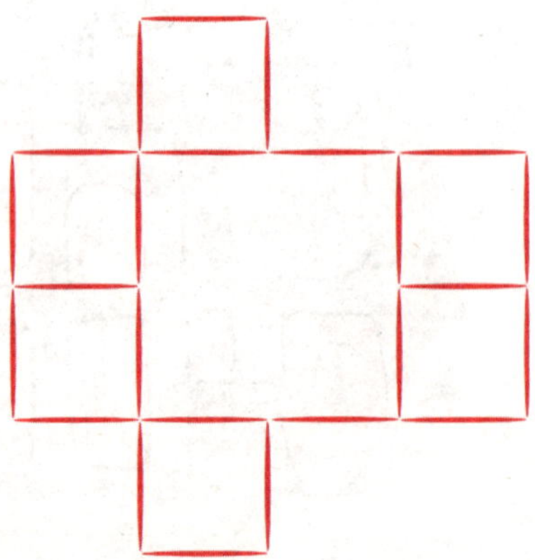

15.星星之谜

观察前面两个星星的数字规律，填出问号所代表的数字，解开这个谜题。

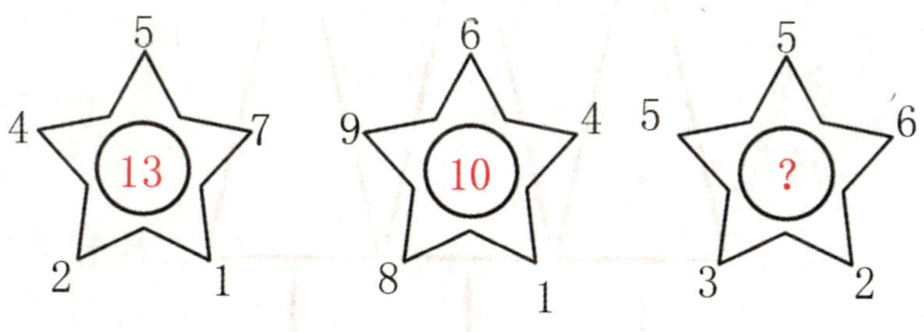

16.隐藏的箭头

有一处旅游景点的指示牌和特别，上面是各种互相交叉的直线，其实上面隐藏着指示方向的箭头，大家能找到吗?

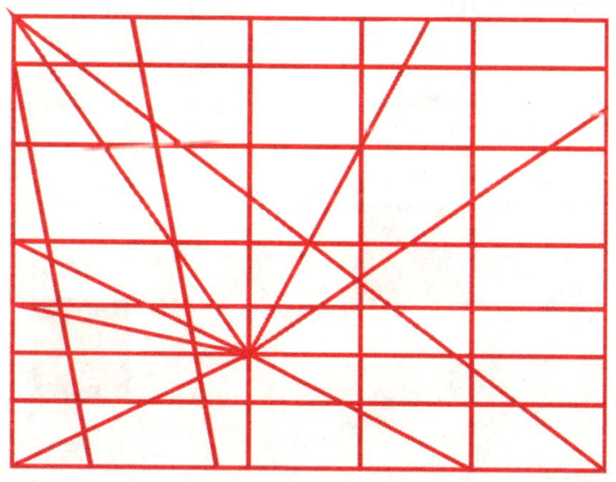

17.五棵松树

你能移动4根牙签，使3棵松树变成大小相同的5棵松树吗？

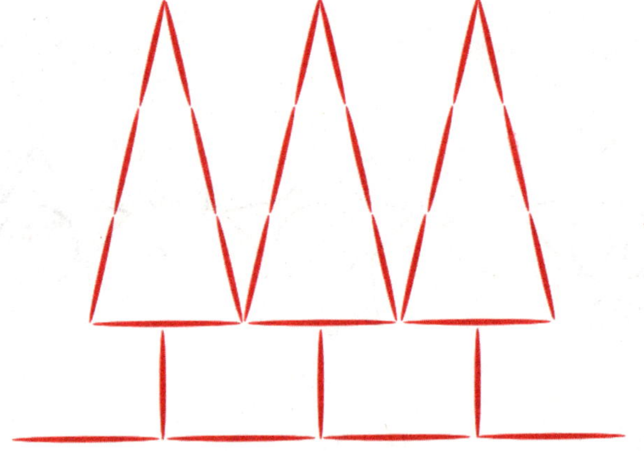

18.有趣的类比

下面的9格图中，分别有1~9九个数字，如果图1阴影部分代表4，那么，图2阴影部分代表几？

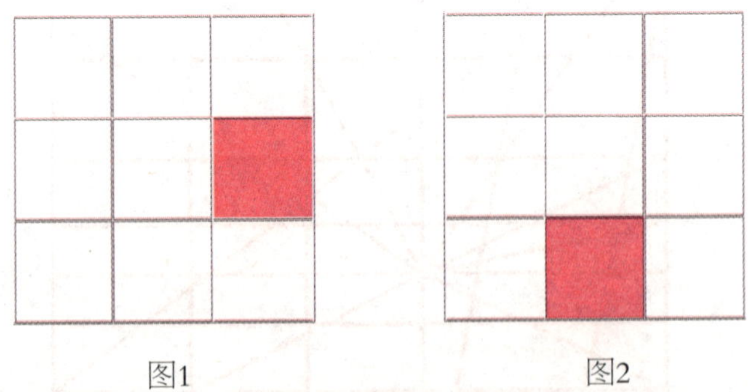

图1　　　　图2

19.分场地

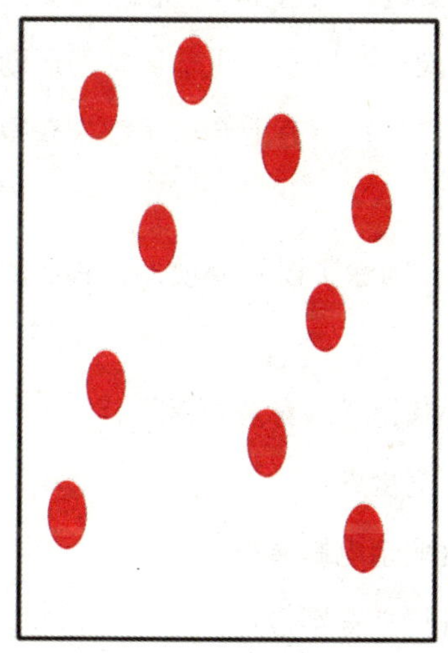

羽毛球课上，同学们需要两两练习，一共有10个人，老师应该怎样划分场地才能将操场分成5块，并且最多只能用3条直线？

20.黑白字母

请仔细观察字母颜色的分布规律，并据此规律推断出Z应该是黑色还是白色？

21.复杂的判断

所有参加足球比赛的运动员，都要进行兴奋剂检查；所有参加兴奋剂检查的人，同时获得了人身意外保险；有些参加足球比赛的运动员兼做商业广告；有些业余歌手也做商业广告；所有业余歌手都未获得人身意外保险。

问题一：如果上述断定都是真的，则除了以下哪项外，其余的断定也必定是真的?

A. 所有参加足球比赛的运动员都获得了人身意外保险。

B. 没有一个业余歌手参加过兴奋剂检查。

C. 有些参加足球比赛的运动员是业余电影演员。

D. 有些兼做商业广告的人没有进行兴奋剂检查。

按上述方法，先画关系图，对照条件进行比较选择。

问题二：以下哪个人的身份不可能符合上述题干所作出的断定?

A. 一个参加了兴奋剂检查的人，但并非是业余电影演员。

B. 一个获得了人身意外保险的人，但没有参加过兴奋剂检验。

C. 一个参加过兴奋剂检查的人，但并非是参加足球比赛的运动员。

D. 一个参加了兴奋剂检查的人，但并非不是业余电影演员。

22.找伙伴

用3条不相交的线连接颜色相同的五角星，每个五角星的后面只能绕过一次。

23.大家族

爱聊天打发时间的婆婆又在和路人讲话了，她告诉路人自己家可是一个大家族：有一位祖父、一位祖母，两位父亲、两位母亲，四个孩子、三个孙子孙女，一个哥哥、一个姊妹，两个儿子、两个女儿，以及法律上的一位父亲、一位母亲和一个女儿，大家都住在一起。

路人恭喜婆婆好福气，可是婆婆却告诉路人家里其实就7口人。路人满脸惊讶，搞不清怎么回事了。可婆婆并没骗人，你想明白了吗?

24.最后的弹孔

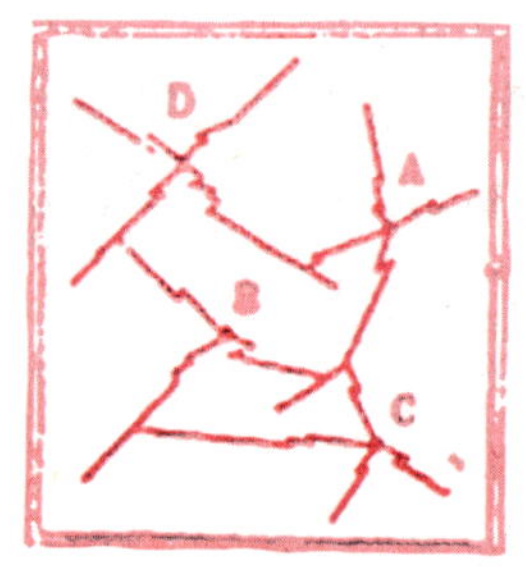

某地著名的富翁被枪杀了。他是站在房子的窗边时，被突然从窗外射来的子弹击中的。也许是由于凶手的枪法不准，打了4枪，最后一枪才命中。窗户的玻璃上留下4个弹孔。你知道最后一枪的弹孔是哪个吗?

25.不打自招

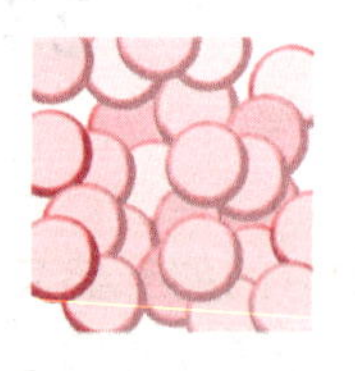

某富翁将自己的独女视为掌上明珠。但不幸的是，有一天她被人绑架了，数日后，尸体被附近一幢别墅的户主发现。

这位户主说：“我是做船务生意的，经常外出。我爱人和孩子在国外，这里大概有两年多没住人了。昨晚我才返回，早上特地来这里取一些衣服，打算寄给我爱人。没想到，在衣柜内竟发现了这具女尸。不过，绑匪似乎对这里的环境很熟。我希望能尽早查个水落石出！”

警方听完他的供词，又将衣柜检查了一遍，发现衣柜里放了不少樟脑丸，随即逮捕了别墅户主。

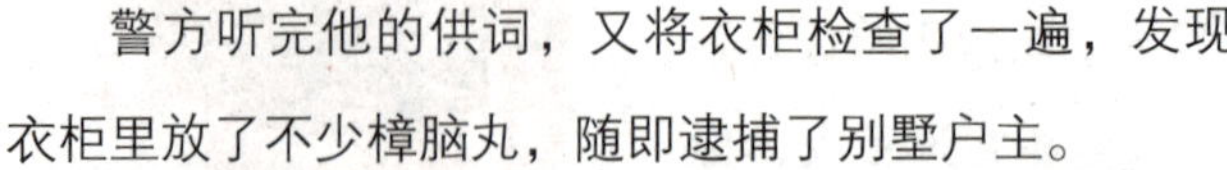

你知道原因吗?

26.爱因斯坦的谜题

这是爱因斯坦在20世纪初提出的谜题。在一条街上，有5座房子，喷了5种颜色。每个房里住着不同国籍的人，每个人喝不同的饮料，抽不同品牌的香烟，养不同的宠物。

提示：

① 英国人住红色房子。

② 瑞典人养狗。

③ 丹麦人喝茶。

④ 绿色房子在白色房子左面隔壁。

⑤ 绿色房子主人喝咖啡。

⑥ 抽Pall Mall 香烟的人养鸟。

⑦ 黄色房子主人抽Dunhill 香烟。

⑧ 住在中间房子的人喝牛奶。

⑨ 挪威人住第一间房。

⑩ 抽Blends香烟的人住在养猫的人隔壁。

⑪ 养马的人住在抽Dunhill 香烟的人隔壁。

⑫ 抽Blue Master的人喝啤酒。

⑬ 德国人抽Prince香烟。

⑭ 挪威人住在蓝色房子隔壁。

⑮ 抽Blends香烟的人有一个喝水的邻居。

请问：谁养鱼？

27.排队买票

汤姆、沃克、杰尼、鲍勃、芬尼和杰克去买世界杯的球票，他们来得太早了，正等售票窗口打开。杰克的一个朋友打电话来问杰克买到球票没有，杰克说：“还没有呢，应该快开门了。”

杰克的朋友说：“你排第几啊？别忘了帮我买票。”

杰克说：“我不是最后一个。而且芬尼也不是最后一个。”

“那你到底是排在第几？”

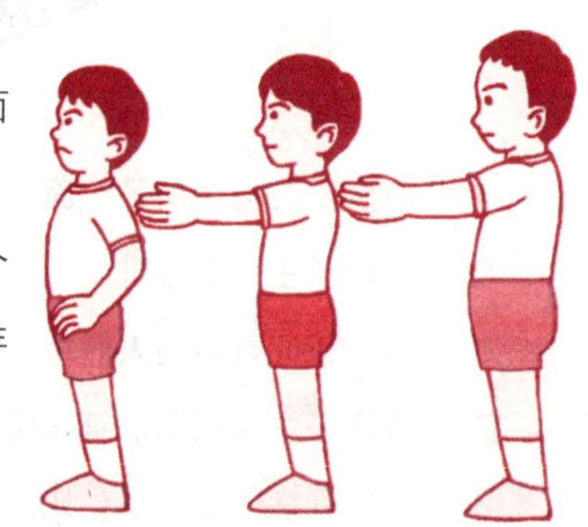

杰克说：“我看看：汤姆的前面至少有4个人，但他也没有排在最后；鲍勃不是第一个，他前后至少有两个人；杰尼没有排在最前面，也没有排在最后面。”

你知道他们排队的顺序吗？

28.掌心里的洞

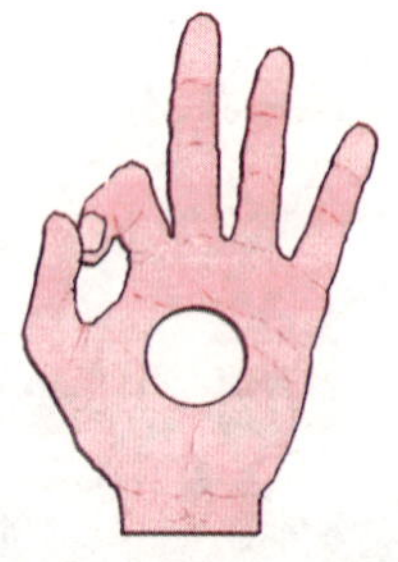

把一张普通的书写纸卷成筒状，将左手平放在纸筒的左边。两只眼睛都睁开，然后用右眼往里面看。你会发现什么？

29.哪颗行星

有一颗行星，你不必穿太空服，便可在上面做一件事：往空中抛一个铁球，它只在空中走了一段路，之后会折向你的方向返回来。你知道是哪颗行星吗?

30.剪几刀

剪几刀才能把下面这个平行四边形切割成长方形?

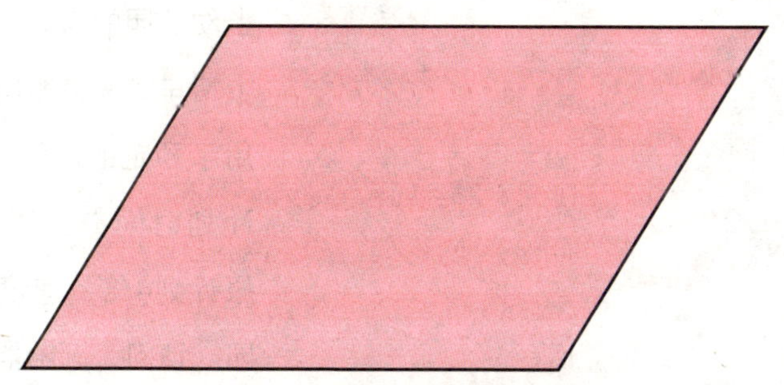

31.经理女儿的年龄

一位经理有3个女儿，3个女儿的年龄加起来等于13，3个女儿的年龄乘起来等于经理的年龄。有一个下属已知道经理的年龄是36岁，但仍不能确定经理3个女儿的年龄。经理说有两个女儿参加滑冰学习了，然后这个下属就知道了经理3个女儿的年龄。请问：经理3个女儿的年龄分别是多少？为什么？

32.计划有变

阿哈下午3点去某公司办事，打算办完事赶回去接上幼儿园的女儿。没想到遇上堵车，去办事路上的时间用了预定的2倍。阿哈按原计划时间办完事，决定以原计划4倍的速度赶去幼儿园。请问，阿哈能按时赶到幼儿园接女儿吗？

33.巧变单词

请你移动一根牙签，将“FOOT”这个单词变成另外一个单词，可以吗？

34.库房保安

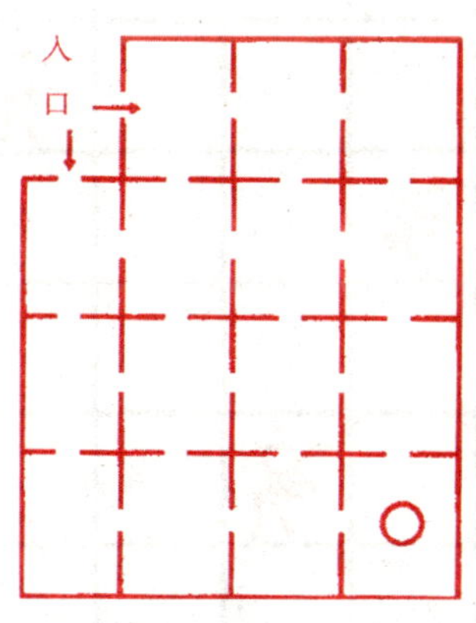

一个库房有14个仓库，下面是平面图。库房保安人员每天从入口进去，他要一间一间地逐个房间巡视，再把房间锁好，最后回管理室中休息(图中有○标记的地方)。如果管理员只能去每个房间一次。讲问：他该怎样走才好呢？

35.聪明的蚂蚁

老王酷爱下棋，但下完棋后总不记得把棋盘收好。一天他下完棋后又忘了把棋盘收回去，等他回想起来的时候发现棋盘上面有9只蚂蚁，它们的位置如下图所示，都不在同一竖行、横行和对角线上。一会之后有3只蚂蚁移动到了邻近的地方，但是它们的位置依然不在同一条竖行、横行和对角线上。你知道聪明的蚂蚁是怎样移动的吗?

36.一步之差

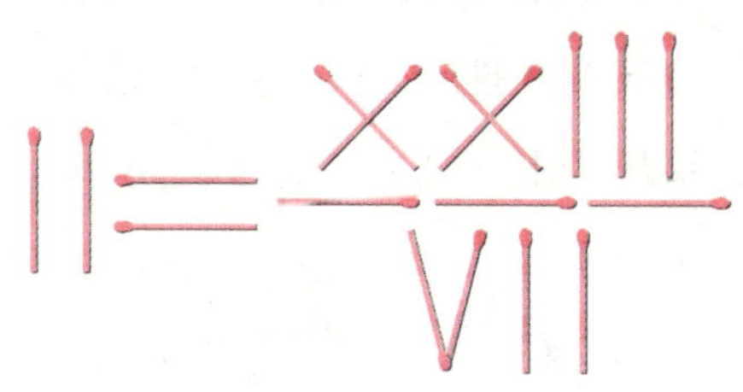

在课堂上，老师出了这样一道题：怎样移动一根火柴棒，就可以让等式成立（＝可以是≈）。

甲移动了一根火柴棒，只差一点就完全相等了。而乙同样是移动了甲刚才动过的那根火柴棒，竟使答案更接近了。你知道他们是怎么移动的吗?

37.巧换水瓶

共有10瓶水，前5瓶装满水，后5瓶没有水，怎样只移动两次就能使有水的瓶子和没水的瓶子相间?

38.音乐转灯

有一盏音乐转灯的设计很独特：在中心红光外面包有7层壳，每层壳上都有7个五角星的图案，当7层壳上的五角星排成一条直线时，这样中心红光就可以透出五角星的图案。如果开始时7个五角星是对齐的，然后7层壳一起转动，但是转速却不一样：每分钟第一层转1圈，第二层转2圈，第三层转3圈，第四层转4圈，第五层转5圈，第六层转6圈，第七层转7圈。请问：至少要转多长时间，才可以透出五角星图案来？

39.真假命题

这又是一个关于“否定”的问题。

如果“想象力虽不够丰富，但却充满生命力”这个命题是假的话，那么真命题应该是下面的哪一句话？

想象力很丰富或缺乏生命力。

想象力很丰富且缺乏生命力。

想象力很丰富但缺乏生命力。

想象力不够丰富且充满生命力。

40.错误的等式

数学课上，老师用粉笔摆出了一个如下图所示的等式，可是这个等式有点奇怪，聪明的你一定看出来了吧。假如给你一根新的粉笔，你能使它变得正确吗?

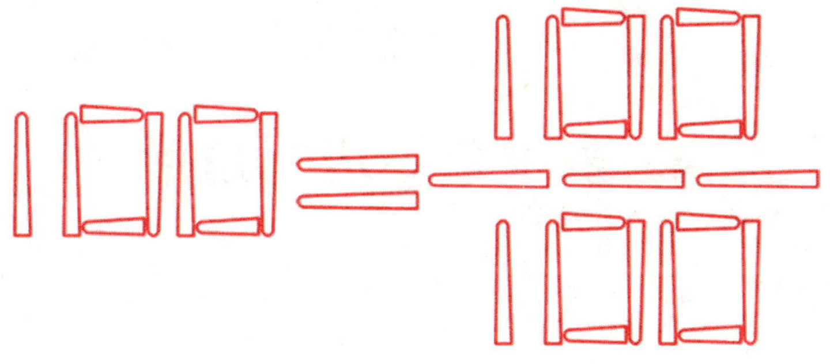

41.巧变“88”

若只移动两根粉笔，你能将右边的图形变成“88”吗?

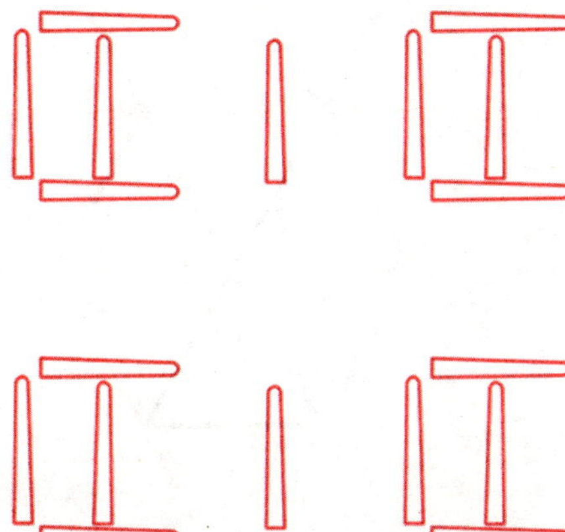

42.排列规则

你能看出下面这10个数字是按什么规则排列的吗?

8 2 9 0 6 7 3 4 5 1

43.多少个等边三角形

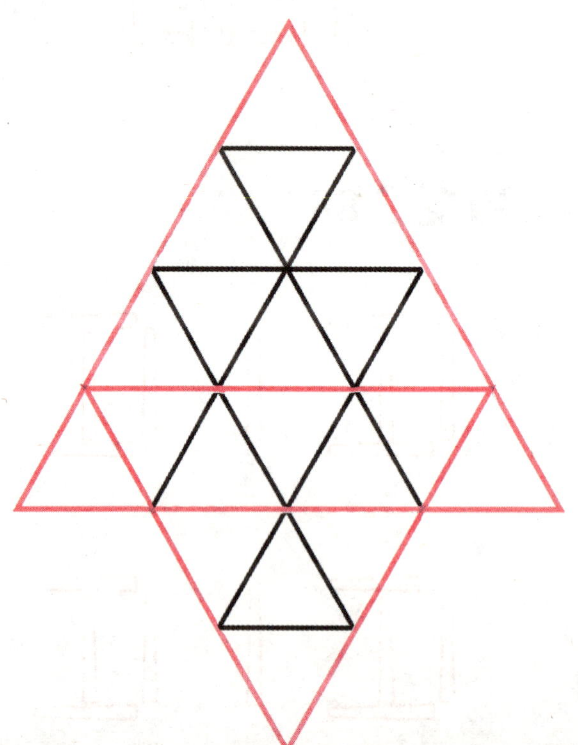

发挥你的想象力，仔细数一数，左面图形中到底有多少个大小不同的等边三角形?

44.回家的路

动物园里有四只粗心的动物迷路了，找不到回家的路。假如你是动物园的管理员，要如何才能帮助它们回到自己的家，并且使每个动物回家的路线没有交叉和重复？

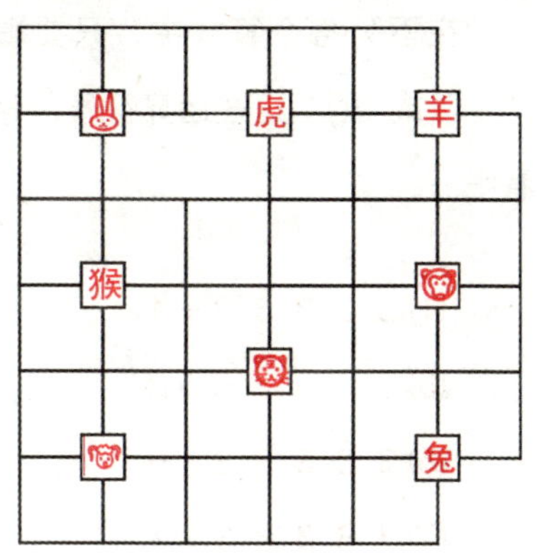

45.水果拼盘

瑞斯家有一7个空格的水果拼盘，家里来了客人，可是只剩下了6种水果：橙子、苹果、香蕉、西瓜、桂圆、荔枝，想要将这6种水果装满7个空格，有三条提示：①橙子在西瓜的后面，相隔两个位置，②荔枝的位置在桂圆和香蕉的中间，③苹果在桂圆的后面，相隔3个位置。请问果盘上水果的位置分别在哪里呢？拼盘上的箭头你留意到了吗？

46.神奇的算式

在下列各个算式中，只要填上适当的“＋”、“－”、“×”、“÷”或“()”这些运算符号，等式便会成立。真的很神奇，不信就试试看吧。

(1)3 3 3 3 3＝1　　(2)3 3 3 3 3＝2

(3)3 3 3 3 3＝3　　(4)3 3 3 3 3＝4

(5)3 3 3 3 3＝5　　(6)3 3 3 3 3＝6

(7)3 3 3 3 3＝7　　(8)3 3 3 3 3＝8

(9)3 3 3 3 3＝9　　(10)3 3 3 3 3＝10

47.猴子的难题

有12根香蕉如图分布，小猴子从1号香蕉的位置出发，沿着图中的线路跑到了12号香蕉的地方，将所有的香蕉都拿到了，而且同一个地方只经过了一次，你知道小猴子是怎样做到的吗?

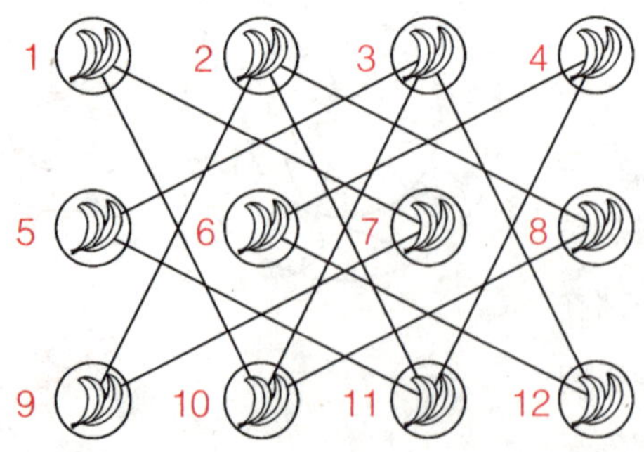

48.暗藏陷阱的宝藏图

从右下面的方格里，找出其中隐藏的五处宝藏。方格下方绘有一些宝藏图案。在这些图案里，一处宝藏是占据了3个方格（宝藏三），另外一处宝藏共占据了1个方格（宝藏一），还有一处宝藏占据了2个方格(宝藏二)。在方格右边和底边各有一排数字，表示在每行及每列中隐藏的宝藏所占的方格数。

除此之外，每个组合的宝藏图，一定是水平或垂直的；而且一处宝藏与另外一处宝藏之间绝对不会彼此贴近，或位于彼此的对角位置。在方格中已绘有宝藏二的半个图，作为解题指南，这半个图如图中所示。

另外还需要注意的是，在这些方格中，每格代表的若不是宝藏，就必定是陷阱。你能寻找到这些宝藏吗?

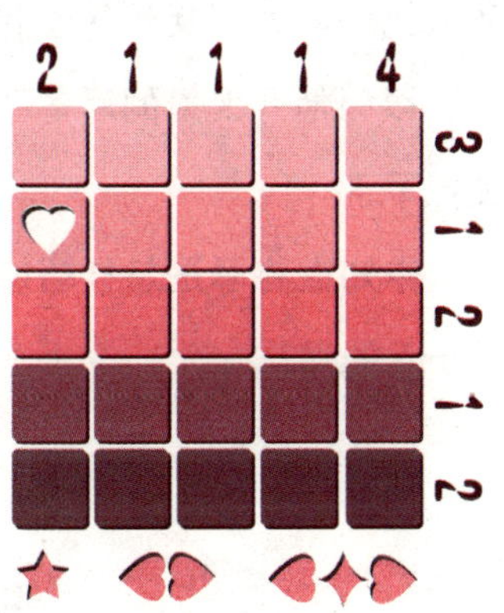

49.大挂钟

皮皮家的大挂钟报时的时候，相邻两次的钟声间隔时间为5秒钟。如果大挂钟连续敲12下，要花多少时间?

50.聪明的将军

有一位将军特别善于调配士兵，一次他带了360名士兵守一座小城池。他把360名士兵分派在城的四面，每面城墙壁上有100名士兵。战斗打得好激烈，不断地有士兵阵亡，每减少20人，将军便将守城的士兵重排一下，使敌人看到每面城墙上依然有100名士兵。士兵的人数已降为220人了，四面城墙上仍有100名士兵。敌人见守城的士兵丝毫没有减少，以为他有大量的后备军，便撤军了。

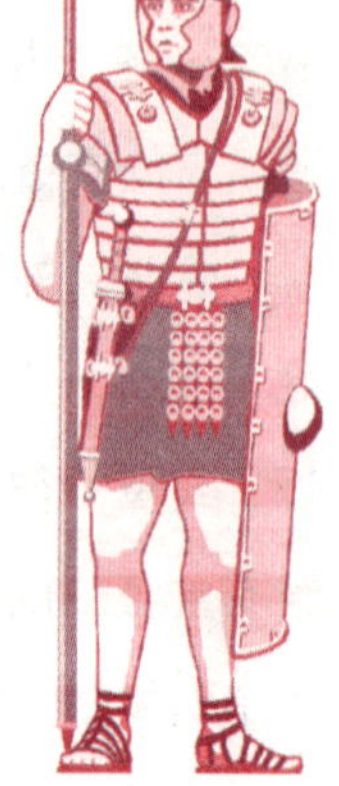

你知道将军是怎样巧妙布置士兵的吗?

51.摆牙签

6根牙签可以拼出一个正六边形，如果再添上6根牙签，你能在之前的正六边形内再拼出一个六边形和6个三角形吗?

52.有趣的棋盘

右图是一个棋盘，棋盘上放有6颗棋子，请你再在棋盘上放8颗棋子，使得：

① 每条横线上和直线上都有3颗棋子。

② 棋盘的边上都有3颗棋子。

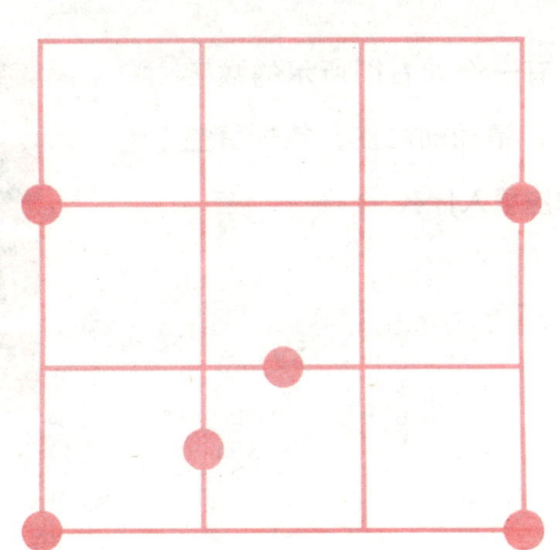

53.你能改正确吗

有一道错误的算式题，小明想把它改正确，可是只能移动1根牙签，这下难住了他。请问他应该移动哪一根才能改正确呢?

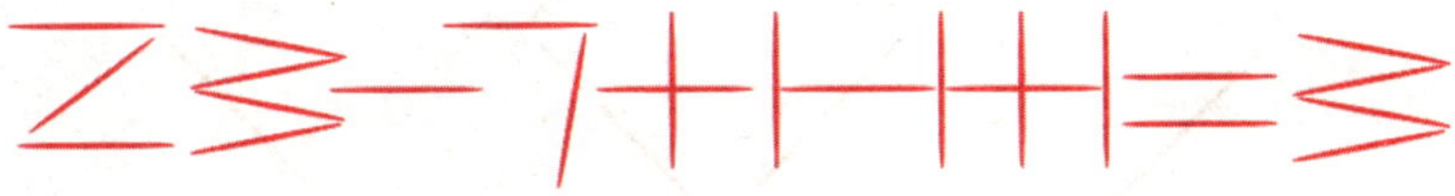

54.数字模板

有一个如右图所示的数字模板，请动动脑筋，猜一猜空格内应填入什么。

1	2	3
4	5	6
7	8	9
?	0	?

55.神奇的菱形

有3个由16根牙签组成的大小不等的菱形，每移动两根牙签就会使菱形的数量增加一个，那么连续移动5次之后，菱形就会变成8个，你相信吗?

56.问号处该填什么

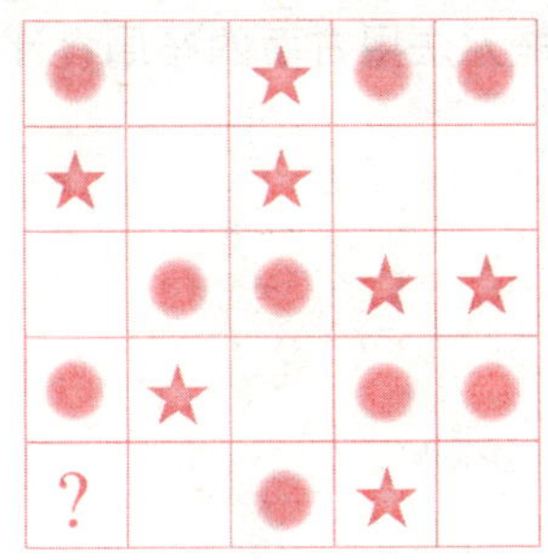

左面这道题目经常出现在各类考试中。请仔细观察，想想问号处该填什么?

57.魔术阶梯

这个魔术阶梯是有名的施罗德阶梯，如果你将它倒过来看就知道它有什么特别之处了。

现在请在每一阶上各放一张黑色和白色的卡片，使每一阶卡片的数字之和为5个连续的数字，即：9，10，11，12，13。

58.巧妙的构图

A、B、C、D、E、F 6幅图中，哪两个是无法用右面的布局设计构成的?

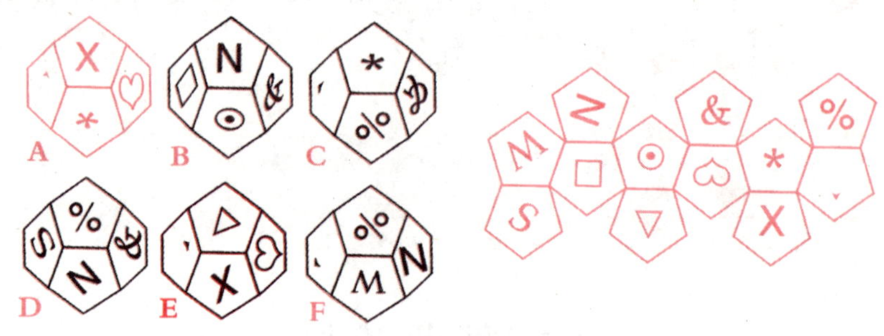

59.蜻蜓点水

湖面上有10只蜻蜓在点水，请用3个同样大小的圆圈使每一只蜻蜓都分开，可以做到吗?

60.小天才汤姆

汤姆虽然只有12岁，但对数学有天才般极高的悟性。有一天，他向我夸口道："随便你用0~9这10个数字写成两个数，只要你把每个数字都用到而且不重复就可以，然后把两个数加起来，再把你写的两个数字擦掉，最后，你把得数里的任何一位也擦掉。整个过程我都不知道你写的是什么数，结果是多少，但是我只要看一眼你最后的结果，就知道你最后擦掉的那位数是几。"

我当然不相信，于是用这10个数字写了一个6位数和一个4位数，加起来后得出结果，把万位上的数和两个加数都擦掉，得到这样一个数：398□27（□是我擦去的那个数）。汤姆真的只看了一眼，就说出了我擦掉的数。

真的很神奇！你能告诉我，汤姆是怎么知道那个数是几的吗?

61.花最少的钱去考察

赤道上有A、B两个城市，它们正好位于地球上相对的位置。分别住在这两个城市的甲、乙两位科学家每年都要去南极考察一次，但飞机票实在是太贵了。围绕地球飞行一周需要1000美元，飞行半周需要800美元，飞行1/4周需要500美元，按照惯例，他们每年都要分别买一张绕地球1/4周的往返机票，一共需要1000美元，但是他们两人却想出一条妙计，使两人都没花那么多的钱。你猜他们是怎么做的?

62.吸管拼图

姐姐不知道从哪里找来了8根吸管，其中有4根的长度是另外4根长度的一半，姐姐想利用这8根吸管拼出3个大小相同的正方形来，而且不能弯曲吸管。姐姐想了半天，最后哥哥帮她解决了这个难题，想知道哥哥是怎样拼出来的吗?

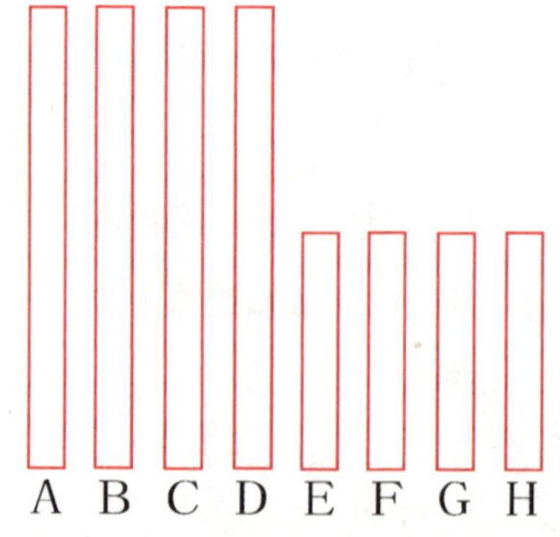

63.找不同

下面的5个图形中，你觉得哪一个和其他的4个不一样?

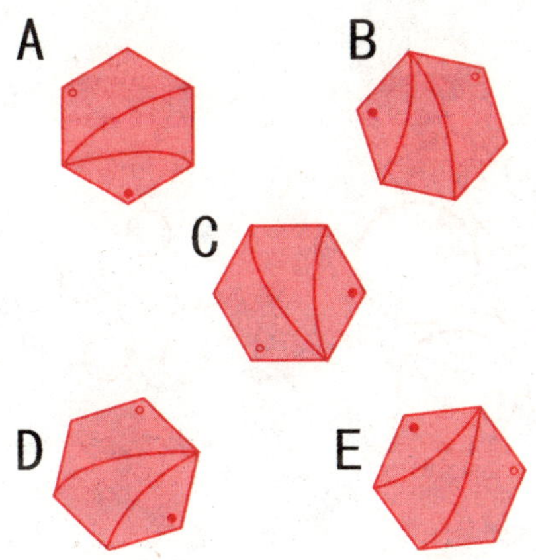

64.满天星

小月画了一幅满天星星的画，总共有11颗星星，现在老师让她用5条直线让每颗星星都有各自的空间，小月能做到吗?

65.哪个圆大

这是一个很有名的视觉游戏，观察下面两幅图，你觉得中间的圆圈哪一个比较大?

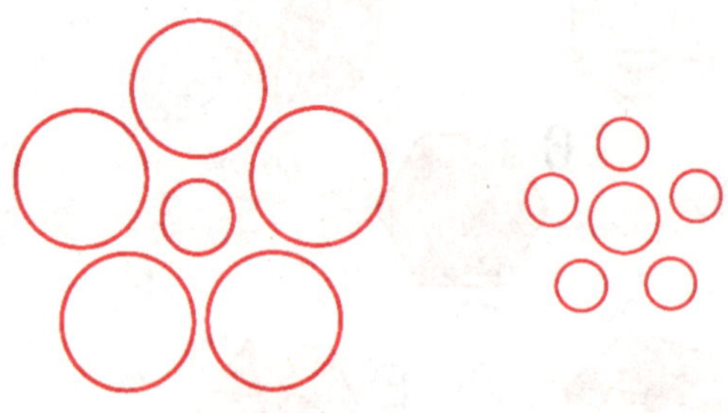

66.由3变5

9根牙签可以拼出3个等边三角形，如果移动3根就可以拼出5个等边三角形，你相信吗?

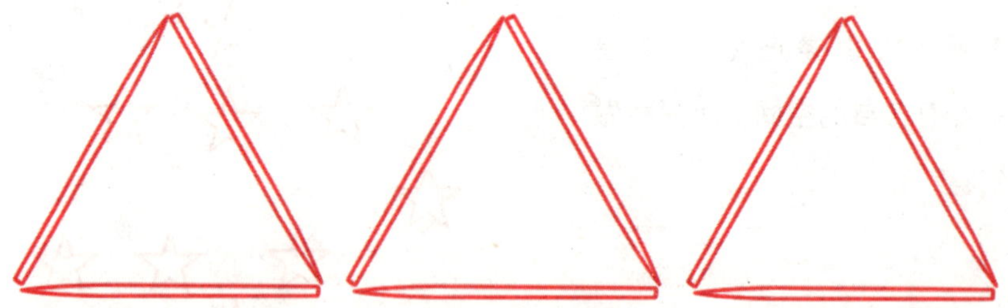

参考答案

第一章 观察篇

1. 错位的眼睛

如果你用直尺测量一下，会发现这个人的眼睛并没有错位，是因为我们的视觉受到了环境的影响。这就是观察的趣味之处。

2. 巧切蛋糕

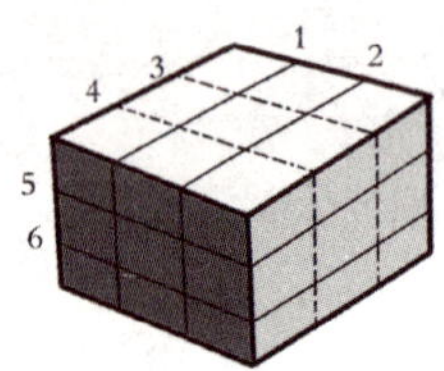

3. 贪心的老鼠

老鼠从第8扇门进去，这样能一次吃完所有点心且路线不重复。其路线如图：

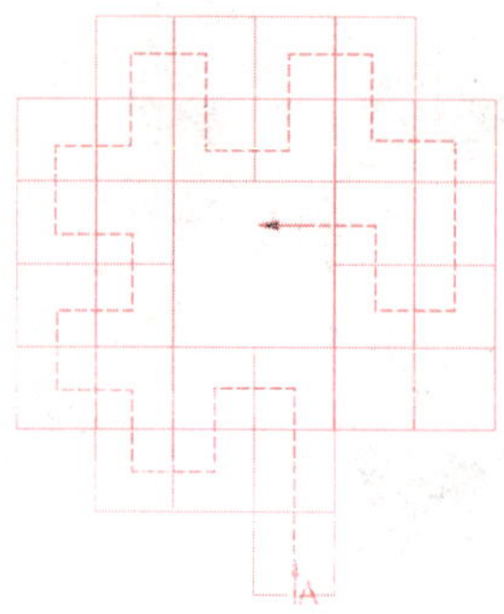

4. 走围城

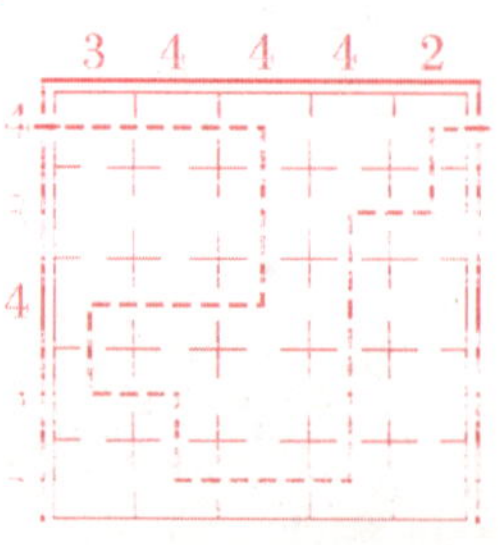

5. 百步穿杨

6次，前四次射在17分那一环，后两次射在16分那一环。。

6. 四点一线

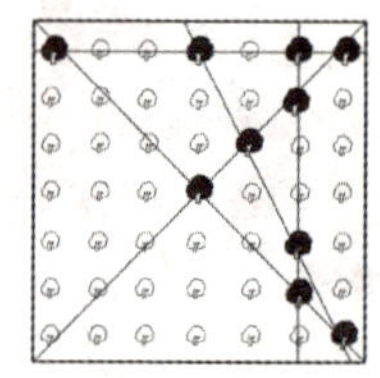

7. 移动砖块

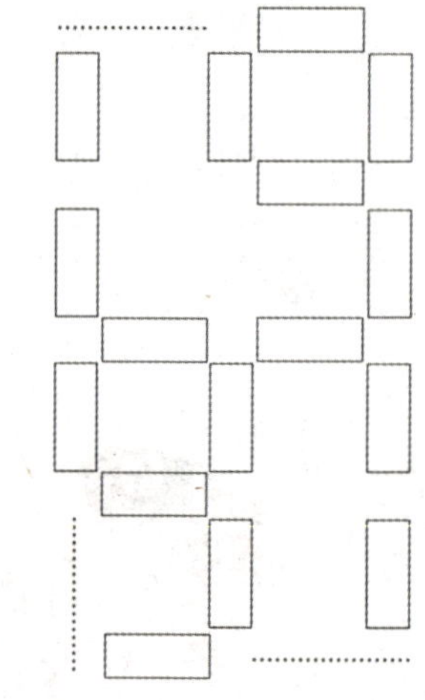

8. 线段有多少

其实不用每一条都数出来，直接就可以计算出来。其中每个点都能引出9条线段，共10个点，又因为两点成线，所以就相当于只有五个点，5×9=45，即共有45条线段。

9. 缺少什么数字

6。因为最后一行是上面两行的平均数。

10. 水晶的秘密

正方体中共有六个面，可以让每个侧面的水晶是总数的一半，即36颗水晶，再把8个空间两两分组，每一组的和为18。

2和16，4和14，6和12，8和10分别放入图中对应的空间内。

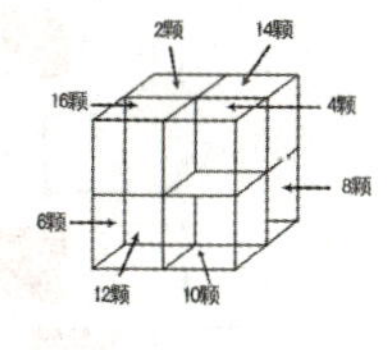

11. 切正方形

一个正方形切去一个角，有3种切法，会出现3种情况：

①切去一个角，得到5个角；

②切线通过另一个角，则得到4个角；

③切线通过另外两个角，只剩3个角。

12. 黑度的区别

左边的黑度与右边的黑度是一样的。“模糊”可以让人在感觉上认为事物本身的色度发生变化。

13. 金字塔谜题

14. 摆三角形

很简单，完全可以摆成一个三角形。题目并没有要求3根木棒必须首尾相接。

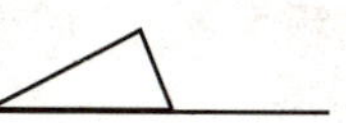

15. 双“10”会

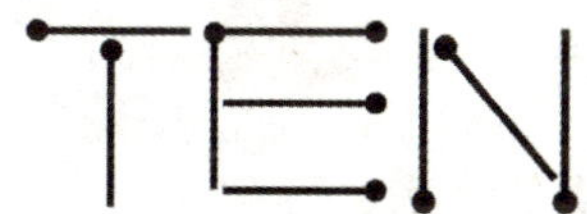

16. 直角在哪里

这其中的奥妙就是平面和空间的转换，5个直角是在平面中的，把其中的一根火柴垂直竖立，另外两根平放在竖立的火柴中间，且三根火柴保持相互之间的垂直，这样在空间的概念上就有了12个直角。

17. 以“1”变“10”

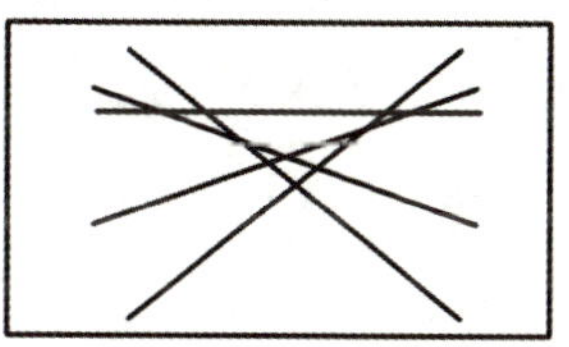

18. 考考你自己

19。观察规律可知，最后一个表格是由两个数字和一个字母组成，因为第二个表格中两个数字之差为6，所以，最后一个表格中数字和问号的差也为6，由此得知问号为19。

19. 神奇的折纸

你可以从长的一边剪开约1/3，向下折，把它折在反面，剩下的就容易了。是不是很简单?

20. 拼积木

如图：

21. 重叠的地板砖

遮住了25%。如图所示，因为大地板砖的顶点在小地板砖的中心上，所以图中阴影部分的面积是相等的，正好是小地板砖的四分之一。

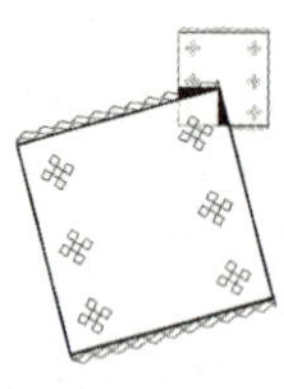

22. 平衡的盒子

因两个盒子的重心都在中心位置，所以盒子甲的力臂为3，盒子乙的力臂为9。因此18×3=9X，X=6。所以，在盒子乙中，应该放入6g重的物体。

23. 不成立的等式

24. 趣味五子棋

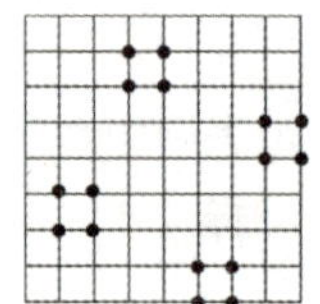

25. 正方形拼图

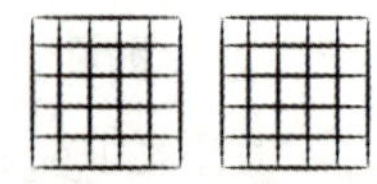

26. 流动的竖线

虽然我们看起来这些线段的长度是有差别的，但所有的线段长度确实都是相同的。

27. 该涂黑哪个

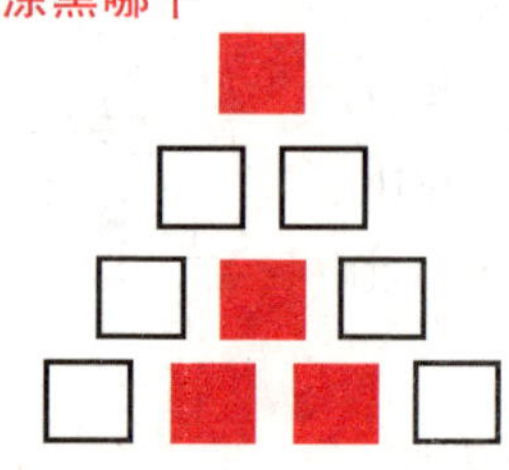

28. 破镜重圆

B。

29. 找关系

1，3，8，7注音都是一声；2，4，6注音都是四声；5，9注音都是三声。不要看到数字就想到要用数学的解题方法来解决。

30. 恒等于9

它们应该按如下的顺序排列：

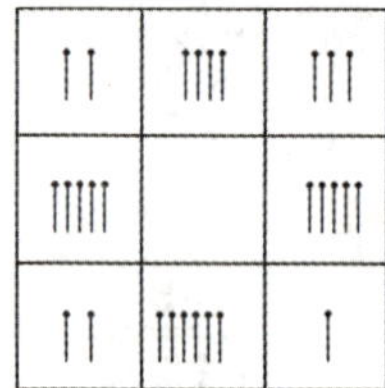

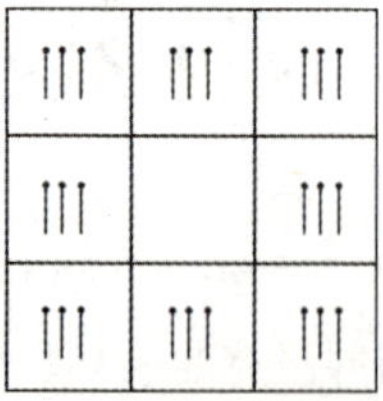

31. 水果之谜

西瓜。图中水果的排列顺序由内到外呈一个漩涡状，顺序依次是香蕉、西瓜、橙子。如下图所示。

32. 盘子知多少

将盘子涂上深浅不一样的颜色，然后数一下，可知共有17个盘子。

33. 数图形

正方形15个，长方形34个，三角形42个。

34. 7变18

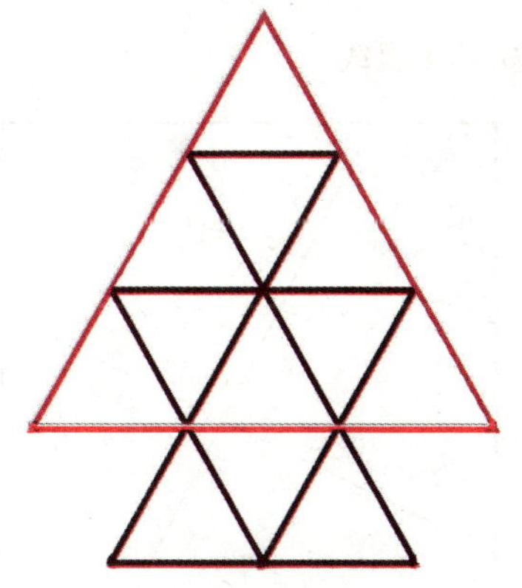

35. 时间显示

1：00。分针朝前走20分钟，时针朝后走1个小时。

36. 卡片游戏

37. 微笑的女人

女人的眼睛画错了，上睫毛短，下睫毛长，嘴巴的上唇和下唇颠倒过来了。

38. 没有办法完成的作业

35页和36页之间是不存在的，不信的话，你可以找本书试试看。

39. 数字哑谜

16。□=4，◇=7，△=6，▮=5。

40. 残缺变完整

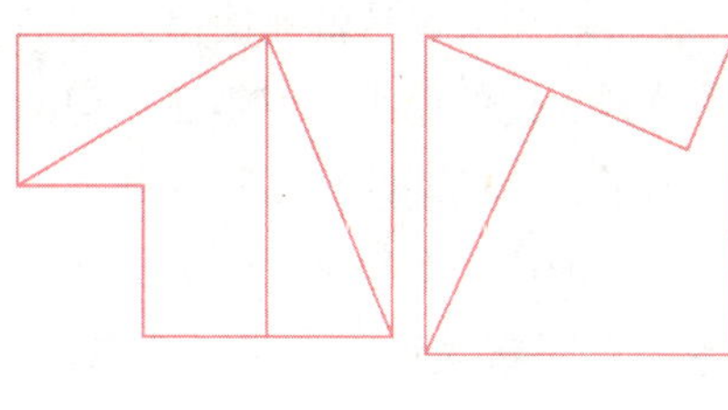

41. 最高的人

3个人一样高。这是一幅立体空间图，之所以看起来最前面的那个人矮，是因为你观察的角度不一样。

42. 巧手缝桌布

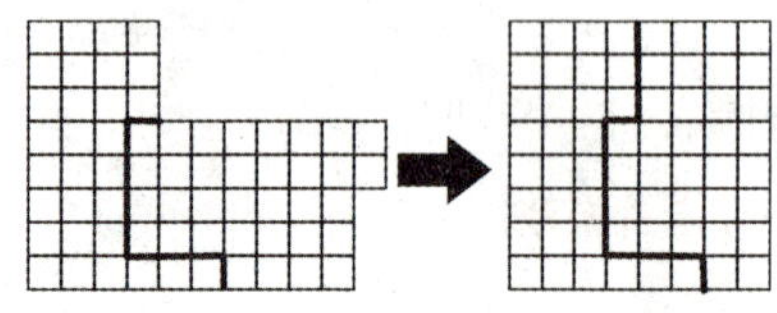

43. 只要一笔

最多只能是一个,因为你画出第一个图后,就必须拿起笔才能再画第二个。

44. 智拼图形

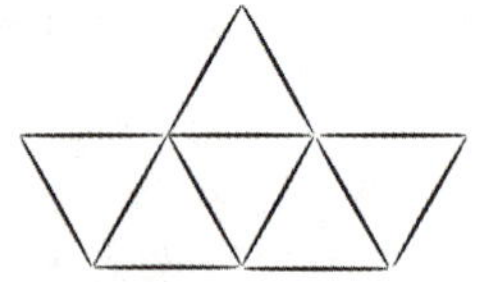

45. 谁不一样

钳子。其他都是锯状物。

46. 需要多少个图章

至少需要刻9个图章。

47. 聪明的柯南

大侦探很容易就能使自己与助手分开。他的助手用双手抓住柯南的绳子，使柯南的绳子在他助手的另一侧形成一个松弛的绳圈，然后他把绳圈塞入助手手腕上的套索中。这时发现，要使绳圈不扭曲，只能穿过一只手腕。然后他把绳圈绕过助手的手。当他把绳圈绕过助手的手并从套索中拉出后，他们就自由了。

48. 神秘的单词

找出单词的诀窍就是数一下图中每一个字母出现的次数，发现“D”出现了1次，“I”出现了2两次，“S”出现了3次，“C”出现了4次，“O”出现了5次，“V”出现了6次，“E”出现了7次，“R”出现了8次。将这些字母按照次数由少到多的顺序排列，就能找到这个单词“discover”。

49. 分割铁片

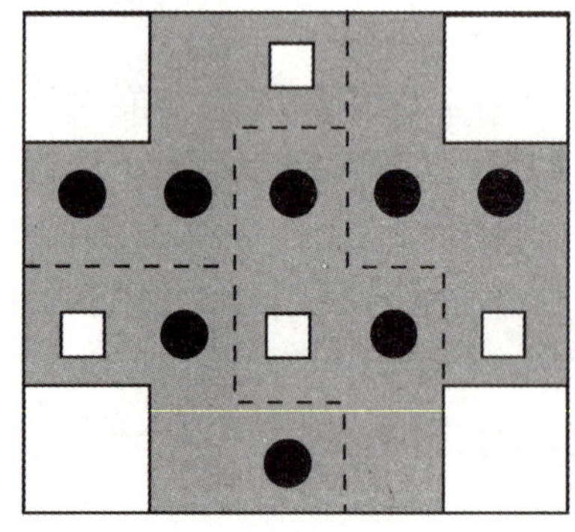

50. 巧画直线

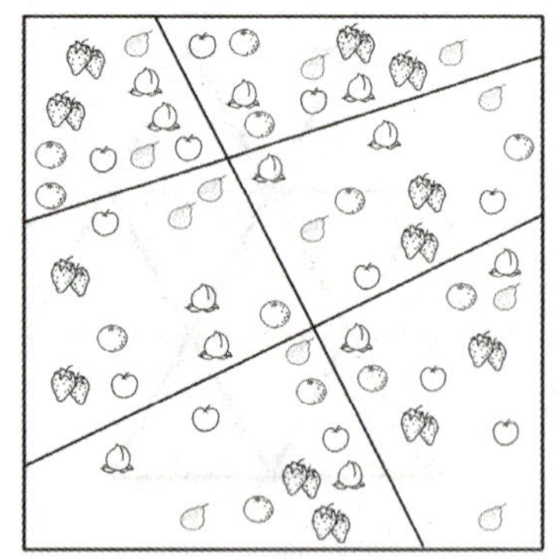

51. 考眼力

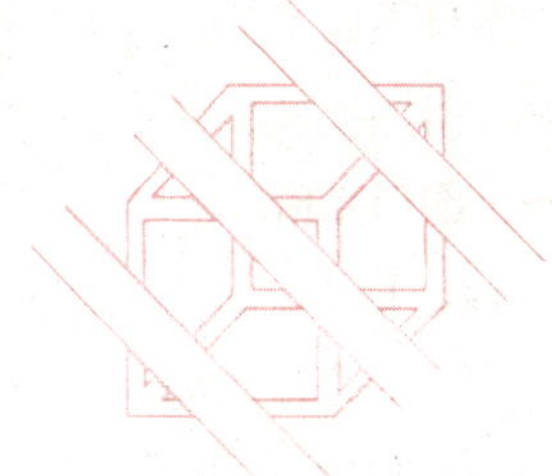

正方体

52. 开环接金链

至少要打开3个环。随便你打开哪3个环，只需要将这3个环和其他的金链首尾相接就可以连成一个金链圈。

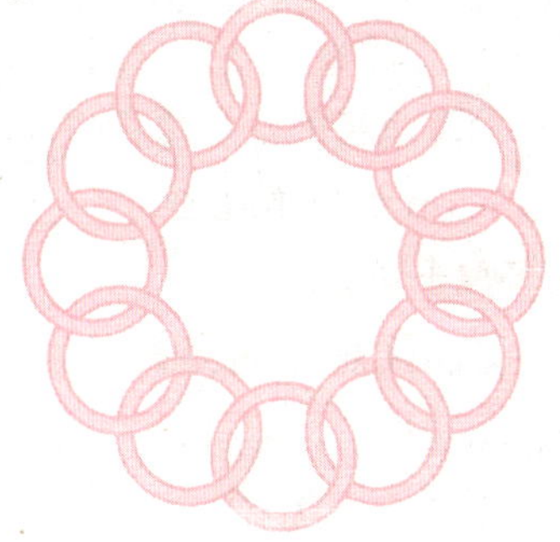

53. 考考你的注意力

1—M　2—G　3—R　4—H
5—D　6—S　7—E　8—B　9—K
10—F　11—P　12—C　13—I
14—A　15—J　16—L　17—O
18—N　19—Q　20—T

54. 哪个不合群

C。只有它的“台阶”笔画数在三角形个数的一半以下。

55. 苹果十字

56. 找图填空

A。构图规则：自上而下，由左边第一行起，图形排列为2太阳，4星星，3月亮，2个圆，如此反复。每一行数完后，接着数下一行，仍自上而下。

57. 一共有多少对

共有44对。

58. 丢失的水果

应该是C，从左上角开始沿着第一行进行，再沿着第二行回来。依此类推，图形是按照香蕉、苹果和桃子的顺序依次循环的。

59. 角度排序

所有的角都是90度直角，不信的话你可以用量角器测量一下。

60. 找不同

仔细观察，只有D是不对称的。

61. 大于3，小于4

62. 找对应

F。均有一曲线变为直线，一直线变为曲线。

63. 巧划分(1)

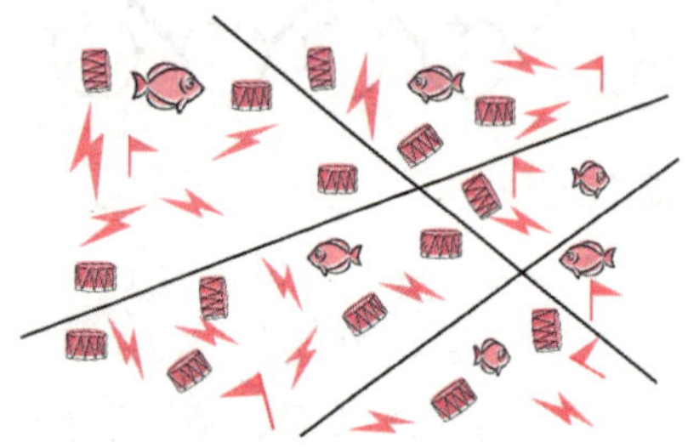

64. 巧划分(2)

65. 变脸

A。规律是：脸部加一笔，在脸部加一笔和一根头发，再加一根头发，再在脸部加一笔和一根头发。如此反复。

66. 哪个字母不见了

字母D不在里面。

67. 哪一个图形相似

B。理由是小长方形与圆共有一个圆点，但大长方形与小长方形间没有共同的圆点。

68. 谁跑的路短

如果不考虑街巷的宽度，单从理论推算的话，两人走的路程是一样长的。但实际上，皮皮走的路程要短些，因为街巷不是一条细细的直线而是有宽度的，路面越宽，皮皮走的路就越直，即可选择斜边走；而琪琪走的全是两直角边，而斜边是小于两直角边之和的。

69. 不属于同类

①西红柿是蔬菜，其余是水果；②案板不是刀具；③老虎没有角；④笛子是管乐乐器，其余是弦乐乐器。

70. 九圆问题

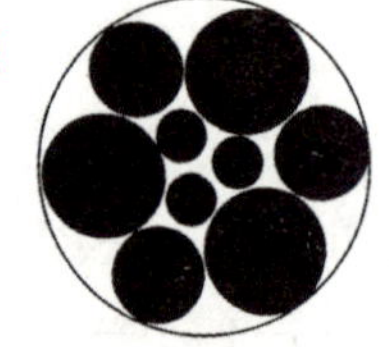

71. 哪一个是鸭子的影子

C。

72. 系绳子

把蓝绳分别系在红、黄绳子的两端。

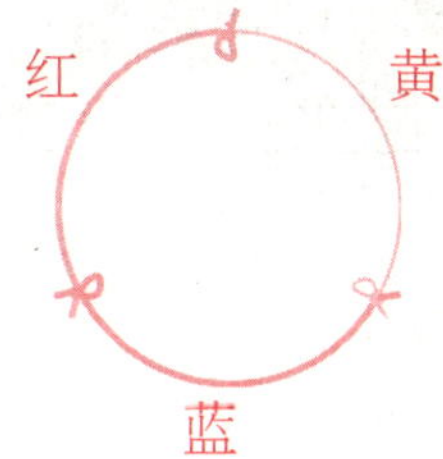

73. 图形互补

B。

74. 不一样的图形

D。因为A、B、C、E 4幅图中黑块在中间且左右对称，而D不是。

75. 不同的选项

D。A向下翻转180°可得出B，向右翻转180°可以得出C。

76. 卫兵巡查

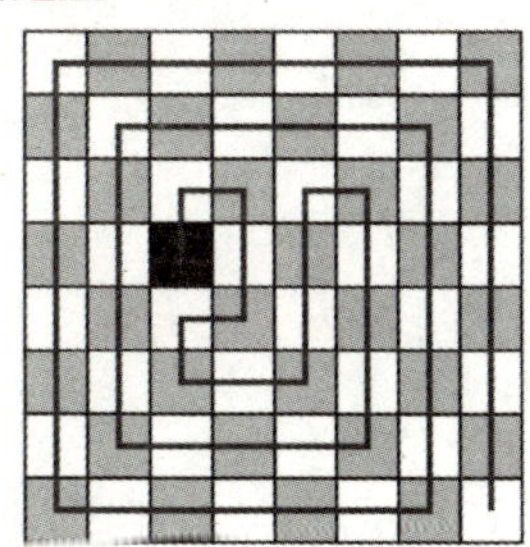

77. 矫正视觉

①两门一样大。②平行。

78. 弹珠进洞

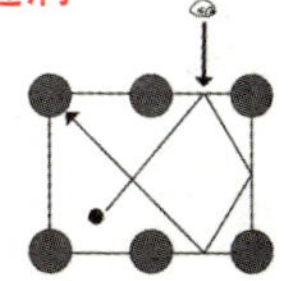

79. 聪明的士兵

以为○士兵，｜｜为瞭望口，画成如右下图形。可以看出，只要有8名士兵，就可以让班长从瞭望口查看到城堡四面都有3名士兵，另外4名士兵可以悠闲地去山林打猎了。

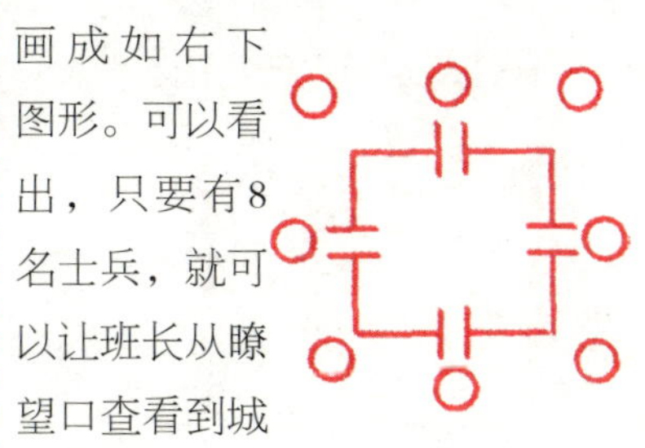

80. 下一朵花是什么样子

如图，变化规律是：添一叶，再添两花瓣，然后减一花瓣同时添一叶，如此反复。

81. 关于“5”的创意算式

$1 = 55 \div 55$

$2 = 5 / 5 + 5 / 5$

$3 = (5 + 5 + 5) \div 5$

$4 = (5 \times 5 - 5) \div 5$

$5 = 5 + 5 \times (5 - 5)$

$6 = 55 \div 5 - 5$

82. 哪根绳子没打结

②和③没打结。

83. 办公室平面图

如图所示，遇到墙后再转弯。

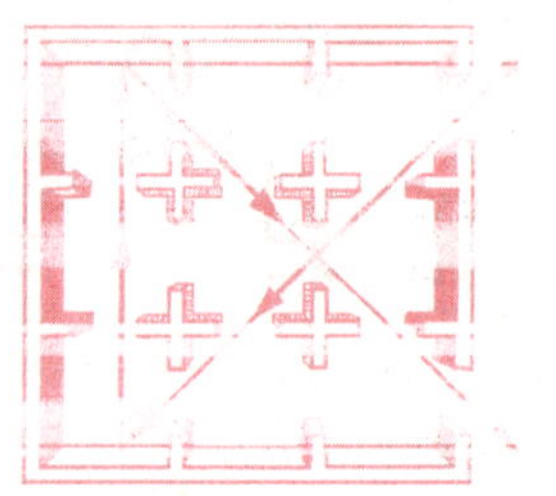

84. 巧选数字

D。字母在字母表中的位置序号乘以字母下面的线段的数量，就是字母下边相邻的数字。

85. 解谜高手

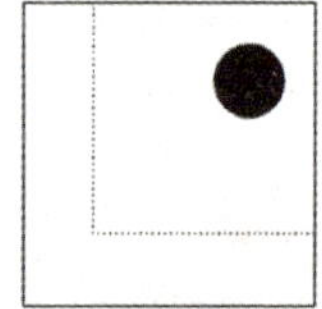

86. 不可能的骰子

E。最简单的办法是动手试试。

第二章 图形篇

1. 草莓的诱惑

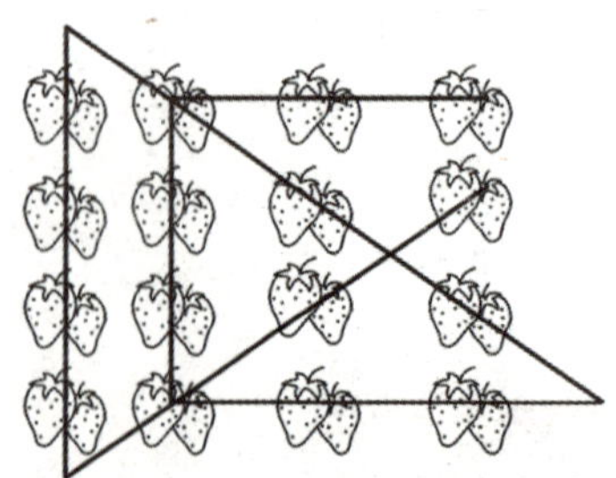

2. 在哪里见面

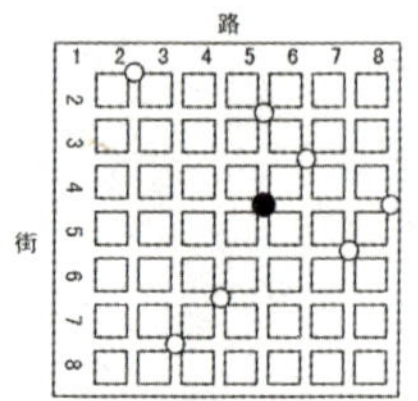

3. 15个正方形

仔细观察你会发现：1×1的正方形有8个，2×2的正方形有4个，3×3的正方形有2个，加上这个图形就是最大的一个正方形，所以共有15个正方形，你都找到了吗？

4. 一分为二

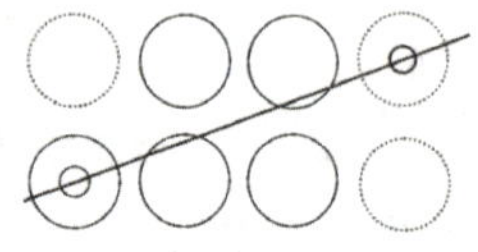

5. 数字方阵

6. 剪窗花

C选项是正确的，自己动手试试就知道了！

7. 找规律

1、2、3、5、8、13、21。它们的规律是：前两个数之和等于后面的一个数。

8. 走弯路

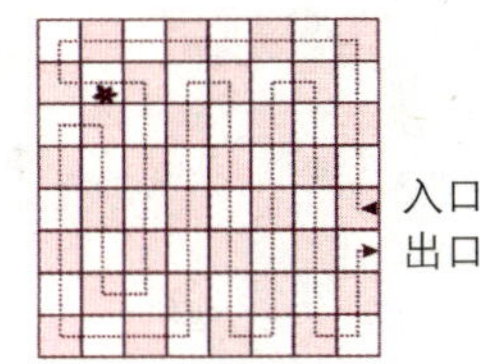

9. 火柴棒排队

10. 共同点

这个共同点就是这三幅图是一模一样的。

11. 9星图

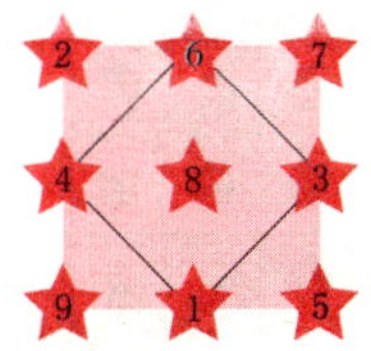

12. 正确的时间

实际的时间是2:25分，安娜只需要用一面小镜子将镜子里的时间再反射一次就可以得出正确的时间。

13. “T”出来

14. 联想

这些东西都是成对出现的。

15. 移动水杯

16. 最好的类比

此类型的题必须先把第一组之间的关系思考清楚，这样根据这些关系去选出相对应的图形就可以了。第一个图形与第二个图形之间是正方形对三角形，并且颜色相反；同理，与第二个图形相对应的应该是（b）。

17. 送外卖

18. 图形克隆

看到这里相信你已经明白了图形是怎样被克隆出来的

19. 数图形

三角形有14个，长方形有7个。六边形有2个。

20. 简单的难题

将其中的一个三角形从斜边的中点拦腰剪断，这样就可以先拼出一个小的正方形，然后再拼出大的正方形。

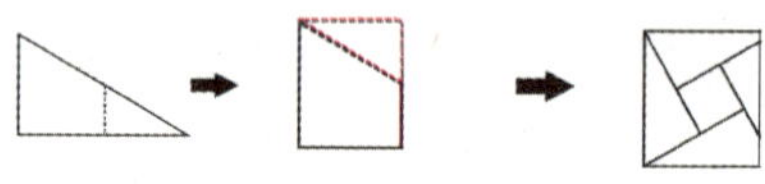

21. 纠错

2B。

22. 智力拼图

A图。

23. 对应图

A。

24. 交换时针和分针

不能。除了两针重合时能正确表示时间外，表针在其他位置均无法表示正确的时间。

25. 一比四

其实是一样大的。假设小圆的半径是1，那么四个小圆的面积就是4π，大圆的半径是小圆的4倍，所以大圆的面积也是4π，因此两部分的面积是一样大的。

26. 箭头的方向

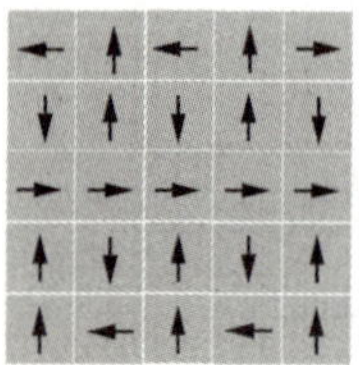

27. 复杂的图形

15个正方形，72个三角形。

28. 连线谜题

29. 图形对称

还需要再摆11颗棋子，也就是把棋盘这一角全部摆满。如图。

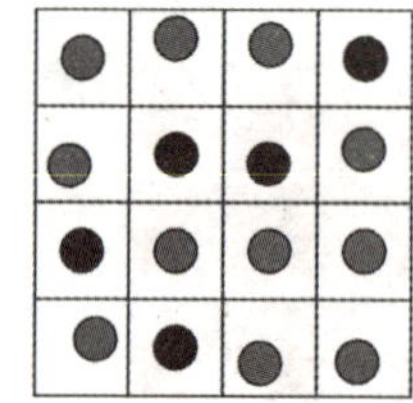

30. 找不对称的图形

B。把A、B、C、D重新排列一下，就可以清楚地看出来了。

31. 符号与数字

68。各符号代表的数值：三角=7，圆=11，太阳=17，心=3。

32. 考考你

1和9。B+D=E；E−A=C。

33. 百变图形

可以组成14种。

34. 翻转问题

最少需要翻动3列，第一、第三和第六列，可以通过观察月亮的位置来推断。

35. 与众不同的图形

C。

36. 找长方形

23个。

37. 数字填空

4。图中数字排列的规律是：外圈每格两个数字相乘，其积等于顺时针方向的下下格内圈之数。

38. 奇妙幻星

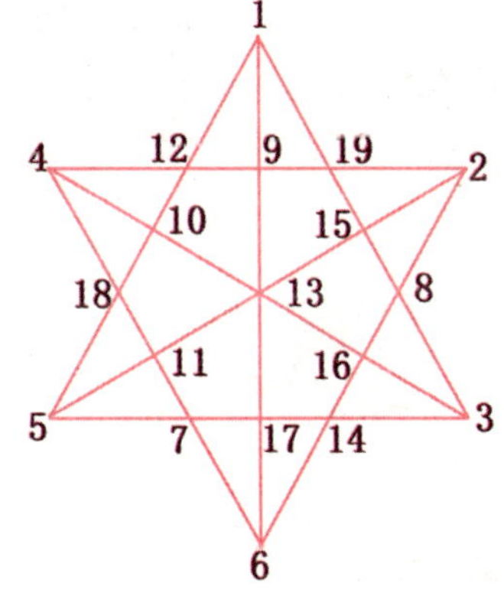

39. 三角形填空

全黑圆。从各三角形上端圆圈和下端圆圈来看，变化的规律都是圆圈黑影每次多1/4（1/4，1/2，3/4），直至全黑。

40. 找图形

B。序列变化规律是减1点、1线，再增2点、2线，如此反复。

41. 依序找图

B图。方格中每一个箭头均按逆时针的方向旋转90度，即可得到下一图。

42. 该填什么符号

各方块圆形和方形相交替，自上而下形成两个序列。序列表现为1/4阴影，1/2阴影，3/4阴影，全阴影。

43. 复杂的系统

24。设☆为x，★为y，✫为z。

由题已给条件可知：

3y+2x+2z=29；2y+2x+2z=24；3z+2y+x=25。求得：x=3；y=5；z=4。

即：★=5　☆=3　✫=4

所以，最右边的盒子里应该放入重24的物体。

44. 图形转转转

转动其中4个圆圈，可形成一个立方体图像。

45. 拼独特的图案

12种图案。如果你找到的数目超过了12，你会发现，经过旋转或翻转，有些是相同的。

46. 时钟上的数字

33次。

12:00～16:00，每小时有2次，如12:11和12:22，一共8次；

16:00～19:59，每小时只有1次，一共4次；

20:00～22:00，每小时2次，一共4次；

22:00～23:00，共有15次；

23:00～24:00，有2次。

8+4+4+15+2=33（次）。

47. 填什么图形

从前两图可知8和4相同。

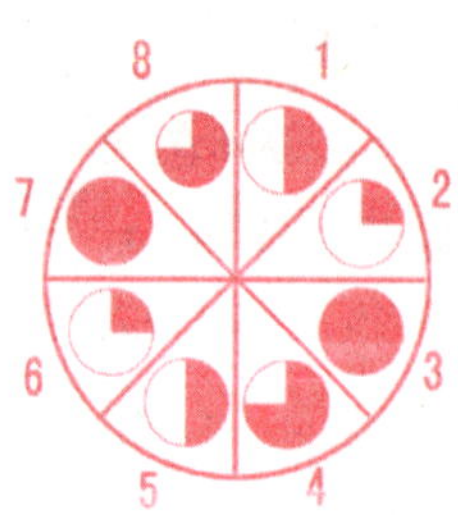

48. 选图填空

C。

49. 旋转的图形

②、⑤不能。

50. 面积减小了

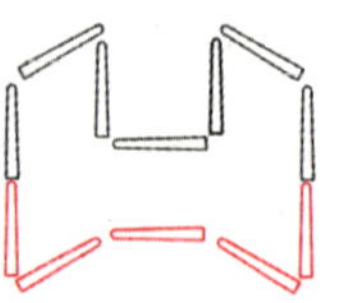

51. 找正方形

16个。

52. 分图片

应沿虚线剪开。

53. 六角星变长方形

如下图，将六角星的上下两个角剪下来，一分为二，拼到左右两个缺口上。

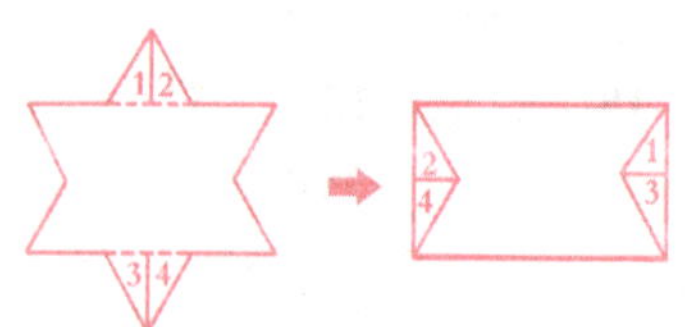

54. 魔幻正方

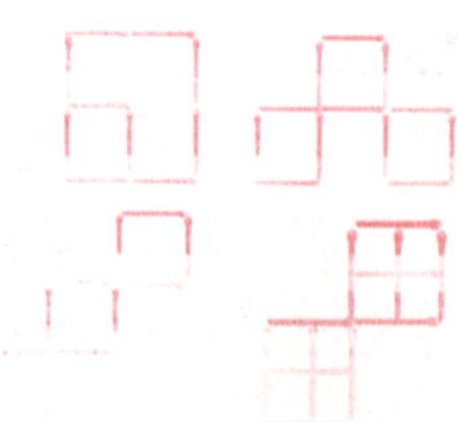

55. 有多少纸带

它是由两条纸带组成的，可以把它们分开。

56. 巧摆正方形

57. 表格中的奥妙

A=17

B=18

C=14，在任何横线或竖线条里的数字总和都等于50。

58. 怎样回家

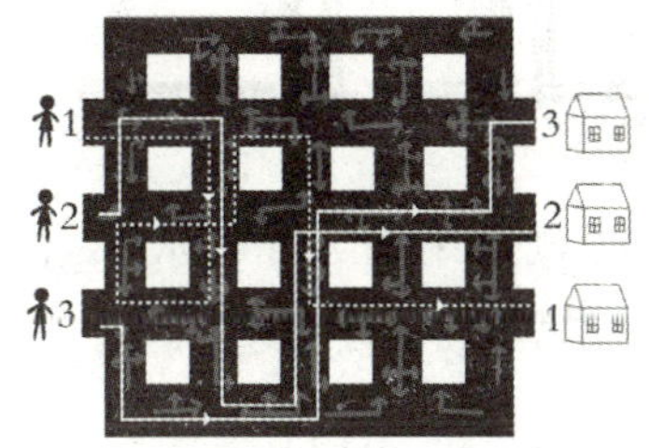

59. 四等分图形

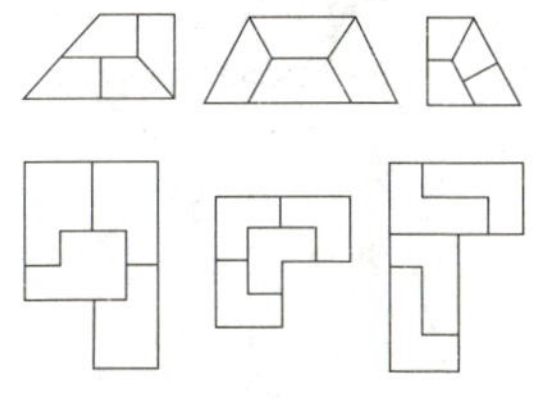

60. 拱形门

61. 只准剪一刀

把2个图形叠起来剪（如图1），一刀就行了。然后再拼起来，便是正方形了（如图2）。

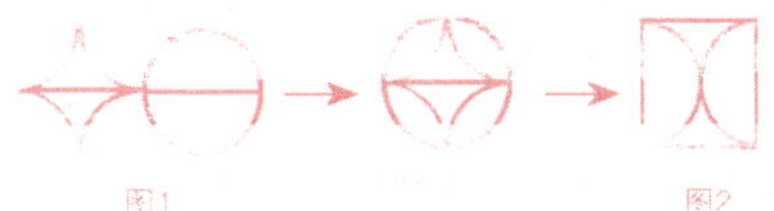

图1　　图2

62. 手巾变身

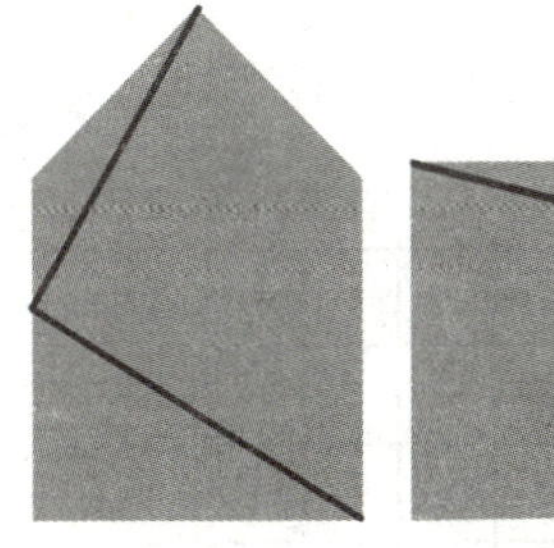

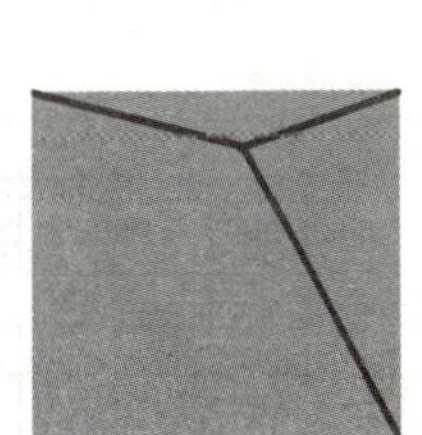

63. 搭桥

这种结构的桥，好像没办法搭出来，因为还没搭上两块，桥就会倒塌。如何让桥不倒塌，才是问题所在。只要一开始多放两块砖做桥墩，等到桥的构架完全稳定后，再取走多余的桥墩就行了。

64. 12颗棋子

这个你想到了吗？

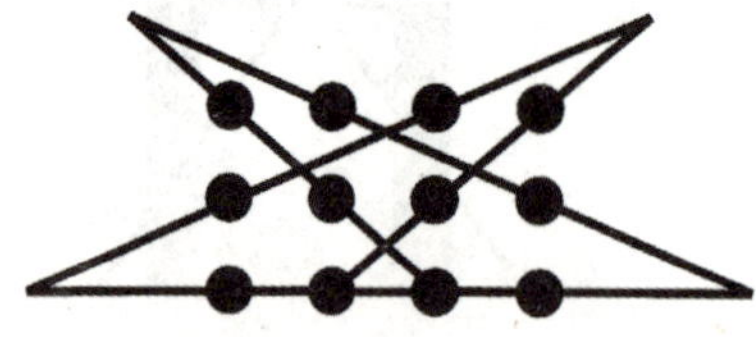

65. 拼长方形

如图所示：

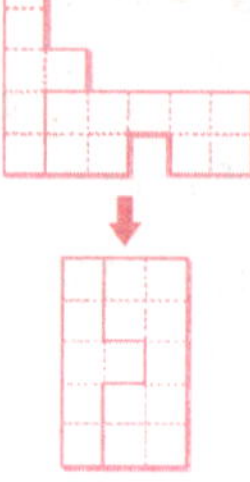

第三章 计算篇

1. 一条道走到黑

这条路线是5—1—2—4—3。

2. 扫地雷

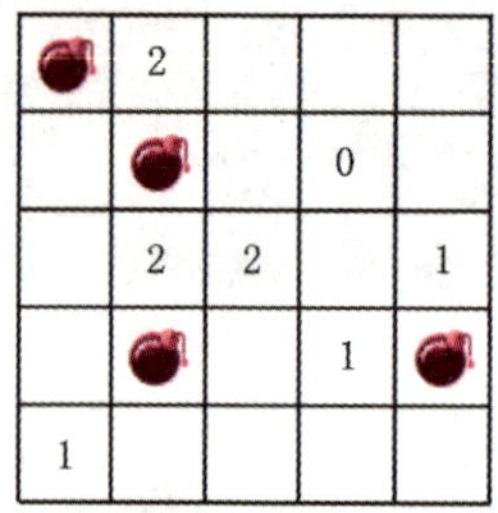

3. 平分图形

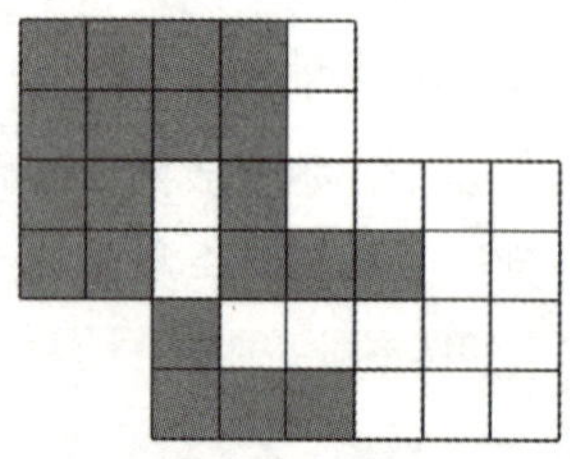

4. 答案为1

+29，×7，－94，×4，－435。

（29×7－94）×4－435=1。

5.巧分四块

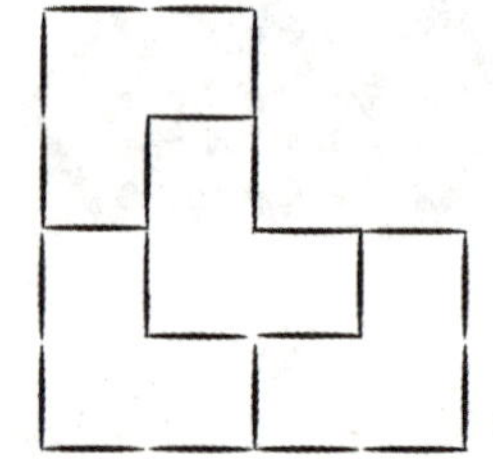

6. 旗帜飘飘

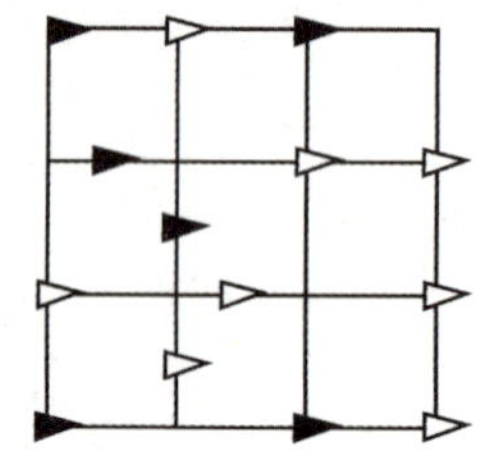

7. 一笔成方

8. 闪闪的红星

这道题比较难，如果你能做出答案就说明你非常了不起哦！

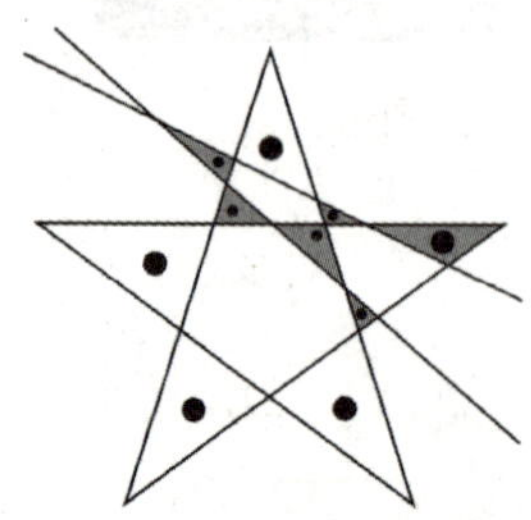

9. 重合的指针

8点43分38秒。

10. 找规律填数字

78。第一个图中的54是由每边相对的数相乘，然后得出的三个数相加算出来的，由此可推算，问号$=3\times8+5\times6+12\times2=78$。

11. 调换位置

最少推动17次才能成功调换位置，推动顺序如下：兵—卒—炮—兵—车—马—兵—炮—卒—车—炮—兵—马—炮—车—卒—兵。

12. 电路连接

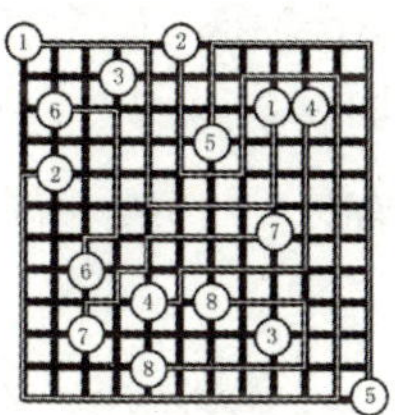

13. 变公鸡

因为公鸡的英文为cock，所以只需将摆成COCK即可。

14. 对称与不对称

答案是B选项，其实解决这道题的奥秘就是把A、B、C、D重新排列就可以清楚地看到了。

15. 红心

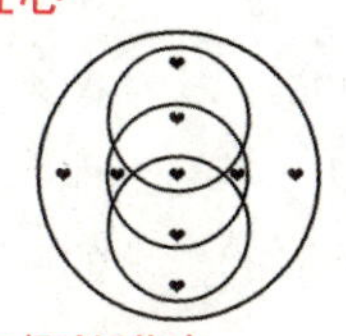

16. 有趣的灌木

17. 巧铁匠

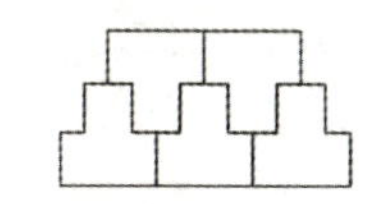

18. 飞起来吧

19. 丢手绢

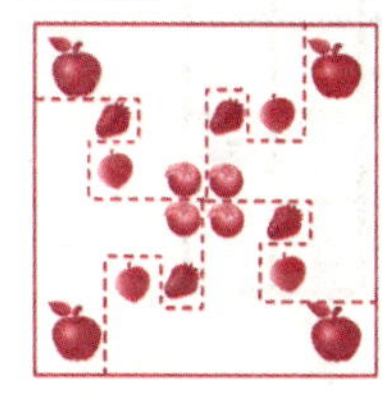

20. 一眼看穿

D选项。相信你也看出来了，前面三幅图中都有3个阴影部分，而D只有2个。

21. 猜点数

40点。因为一个骰子上总够有21点，那么3个骰子就有63点。因为我们能看见的7面的点数之和为23点，所以$63-23=40$点。

22. 两人的工钱

每个人500元。因为农场主让“甲、乙各承包一半的土地”，所以他们开垦和种植的土地的面积是一样的。

23. 字母谜题

U。从左边开始，沿着排列的顺序向右，可以发现这些字母都是按照字母表的顺序排列的，每次前移1位、2位、3位、4位，并以这样的顺序循环排列。

24. 画图

B。观察发现，前3张里面的每一个小箭头每一次都逆时针方向旋转90°，所以第四张如下图。

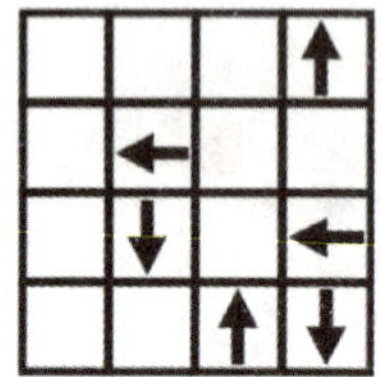

25. 解放

解放的顺序依次是：8—10—7—3—2—11—5—4—13—1—9—12。

26. 被撕掉的墙纸

B为正确选项。如图：在每一行中，交叉点向下移动，在每一列中，交叉点向右移动。

27. 养殖场分割

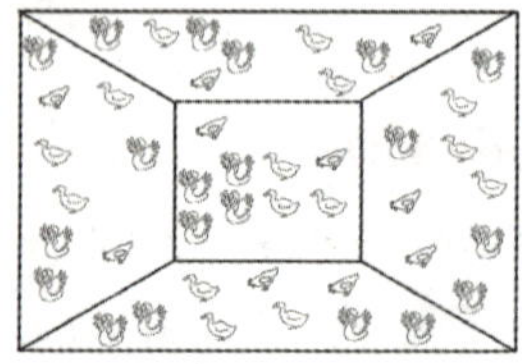

28. 各有不同

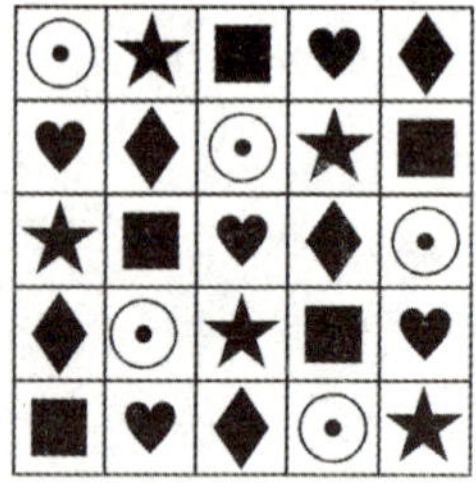

29. 几点了

A选项是正确答案。观察前面的几个时钟会发现，它们所指示的时间都有两个数字是相同的。

30. 少了一[illegible]

正确选项是E。因为在多边形中，对角的三角形图案是相同的。

[illegible]

应该踩的石头是2、5、6和12，因为这些石头上的图案呈现出由边缘逐渐向中心聚拢的趋势。

32. 快乐音符

这个音符是G，因为这一项是其他音符的镜像，而其他所有的音符都可以通过旋转其他的音符来得到。

33. 图形对应

对应的图形是B，观察图形1和

2得知，图形是位于彼此上方的，并且互换颜色，重叠的部分会变成白色，这样通过筛选很快就能得出正确答案B。

34. 遗书分牛

农夫留下15头牛。

妻子8头；

长子4头；

次子2头；

幼子1头。

35. 母子的年龄

今年妈妈比华华大26岁，即两人年龄差为26岁，4年后，妈妈的年龄是华华的3倍，即3×（华华年龄+4）=（华华年龄+4）+26岁。26岁是4年后华华年龄的2倍，所以，华华今年年龄是26÷2－4=9岁，妈妈今年是9+26=35岁。

36. 三点构图

穿过A画一条与BC平行的线，穿过B画一条与AC平行的线，最后穿过C画一条与AB平行的直线，这是利用三角形的中点原理来画出的，不是特别难吧！

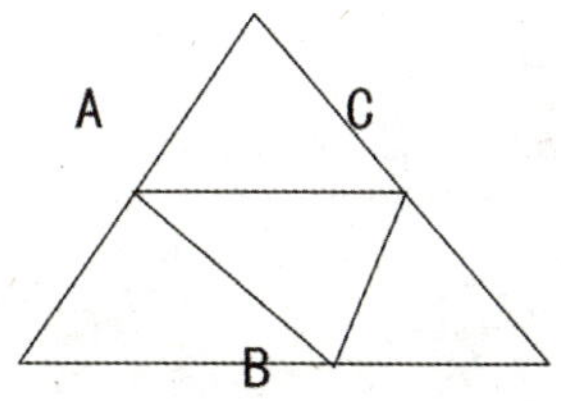

37. 神奇的三角

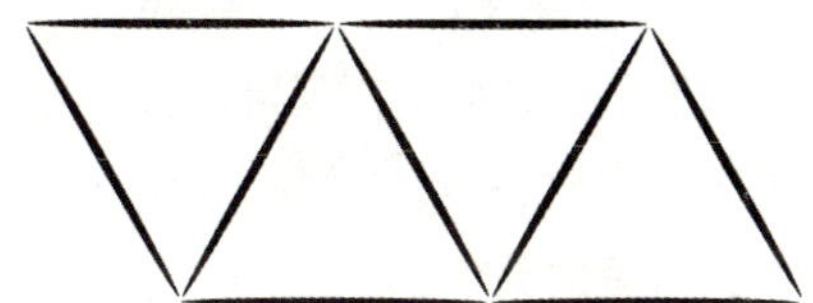

38. 八角图

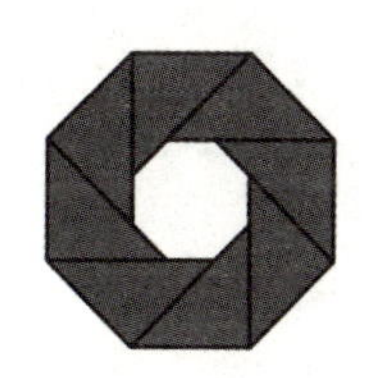

39. 毕氏三角数

$15^2+112^2=113^2$。

40. 倒金字塔

5。将上一行数列去掉最大数和最小数，然后反向排列得到下一列。因此要去掉最大和最小的数，最后剩下中间数：5。

41. 能上下颠倒的数

88。

42. 快速计算

168。真是很简单的一道题。如果换一种表达方式你就明白了：A×B×C×D=（A×B）×（C×D）=12×14=168。

43. 扑克游戏“24”

（1）（10×10－4）÷4=24

（2）5×（5－1÷5）=24

（3）（9×10）÷6+9=24

（4）6÷（1−3÷4）=24

值得强调的是，题目中并未规定不让用分数。

44. 问号里的数字

322。规律是同一行的前一个数的前两位数乘以后两位数等于下一个数。即：

55×67=3685，36×85=3060…

第三行23×14=322。

45. 多少种搭配方法

共有7×9×4=352种搭配方法。

46. 沙滩晨练

在这个队伍里有275名战士和85条狗。战士：(360×4−890)÷(4−2)=275(个)；警犬：360−275=85(只)。

47. 字母算式

85×8=680。

48. 费脑子的组合

除了题目中列出来的一个，等于30的组合还有三种，等于20的也有三种。

①33−3=30；5×5+5=30；6×6−6=30。

②22−2=20；4×4+4=20；5×5−5=20。

49. 求值

求得X=22，Y=25。

列方程即可求出：每个三角形等于1，菱形等于5，心形等于10，十字等于2，故未知数所在的行和列将数值相加就可以求出。

50. 图形组合

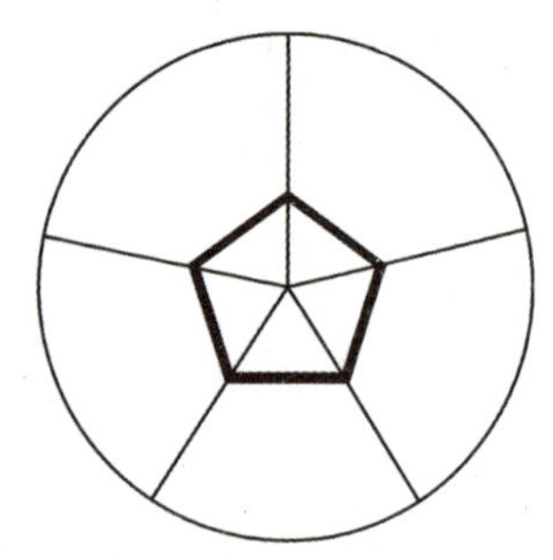

51. 钓了多少条鱼

老李钓到了7条，大张钓到了4条，小王的最少，只钓到了3条。

52. 取而代之

能取而代之的是B，因为图2在图1的基础上垂直翻转了180°，再顺时针旋转了90°，同样B和图3也有这样的关系。

53. 不变的值

54. 结果是30

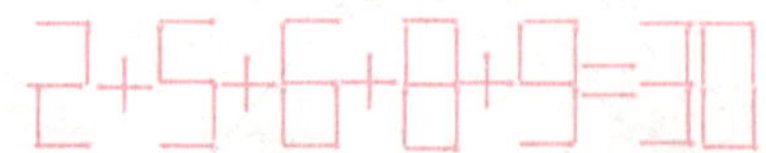

55. 区域求和

18	6	4	30	47	29
45	30	6	18	17	2
1	21	1	42	23	5
3	28	7	17	1	6
44	4	32	43	30	40

56. 数字金字塔游戏

177

102 75

57 45 30

30 27 18 12

14 16 11 7 5

5 9 7 4 3 2

57. 巧填数字

16。变化规律是加2、减1，加4、减2，加8、减4，加16、减8。

58. 数学迷的游戏

露斯的年龄是50岁。这道题要求解题者既想到代数计算又会合理分析。首先，在已给的两个条件下，我们可以算出各种可能的年龄组合：

2450＝7×7×5×5×2；这意味着可能的组合有：

(1)2，5，245

(2)2，7，175

(3)2，25，49

(4)5，7，70

(5)5，10，49

(6)5，14，35

(7)7，7，50

(8)7，10，35

这些年龄之和又分别是：

(1)252；(2)184；(3)76；(4)82；(5)64；(6)54；(7)64；(8)52。

杰克是知道亨利+杰克等于多少的，可是他却说他算不出来！这意味着亨利＋杰克＝64。因为其他结果都会马上导致杰克将年龄组合分析出来。而64这样一个结果使得他不知道是第五种还是第七种组合。但他却又知道露斯的年龄，于是根据A、B、C都比露斯年轻这一信息，他马上可以断定，第七种组合不符合要求。反过来，我们也可以根据杰克后来知道了结果这一信息，可以断定露斯只能是50岁，因为露斯哪怕大一点点，为51岁，杰克就无从找出唯一的年龄组合，使得满足所有已知信息。

59. 透视眼是怎样形成的

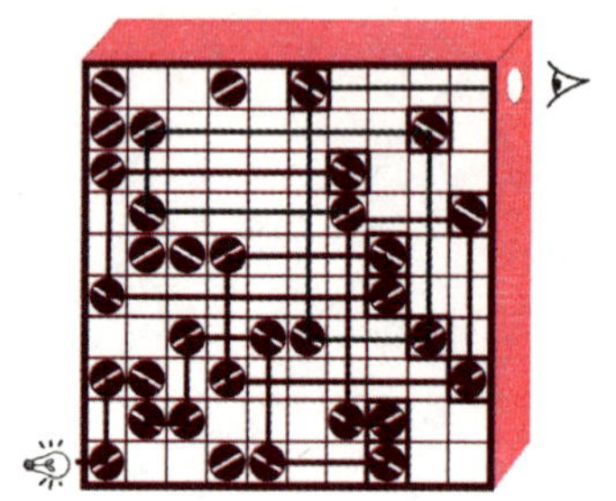

[illegible]

把小三角形颠倒过来，就能立刻看出大三角形是小三角形的4倍。所以，大三角形与小三角形的面积比是4:1。

61. 半个柠檬

单数的一半再加上半个，正好是整数，可取3、5、7。但3、5不符合条件，所以可以推断出柠檬的总数一共有7个，其中4个被藏在屋子的东面，2个被藏在屋子的西面。

62. 身影

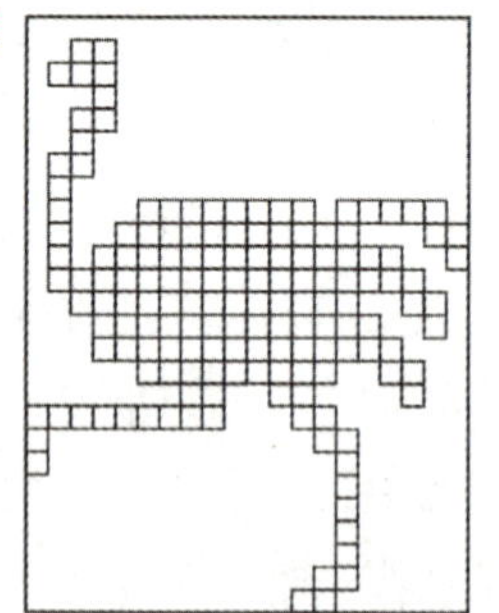

63. 体积会增加多少

1/11。假设现在有12ml的冰，冰融化后，变成水，体积减小1/12，也就是只剩下11ml的水。当这11ml的水再结成冰时，则又会变成12ml的冰，对于水而言，正好增加了1/11。

64. 城市之间

如图所示，最短的路径没有闭合的环线，任意两条线路的交角都是120° 。对于更多的点来说，就很难确定更短的路径了。有趣的是，肥皂泡呈现出的三维结构可以为最复杂的情况提供答案。

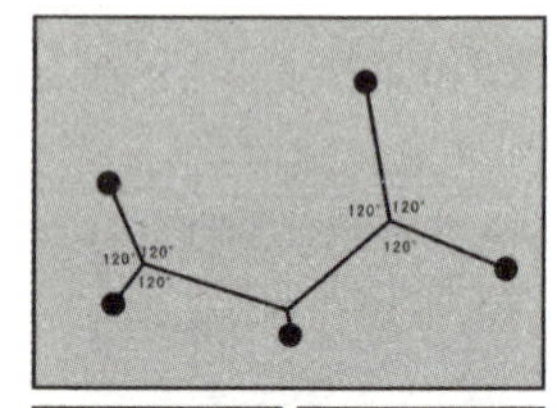

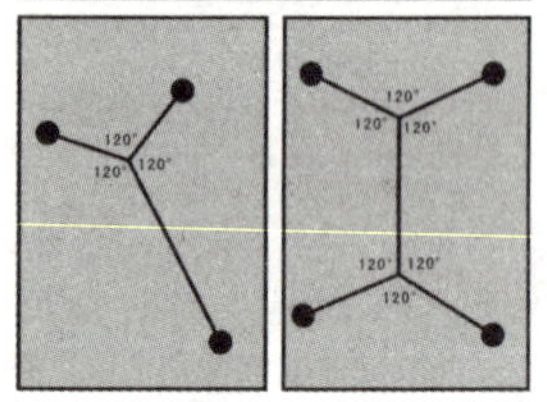

第四章 推理篇

1. 另一条路线

2. 看图填数字

27。

3. 思维大智慧

526485	A=4，B=5，D=5，E=9，
+197485	G=1，L=8，R=7，
723970	O=2，T=0

步骤：

①首先D=5，得到T=0。

②∵2L+1=R，∴R是奇数，并且∵D=5，D+G=R→R=7或R=9。

③∵O+E=O→E=0或E=9；∵T=0，∴E=9，R=7，G=1。

④∵2L+1=R→L=3或L=8，∵E=9，2A+1=E→L=8，A=4。

⑤剩下N、B、O还未确定，即2、3、6未知。

N+7=B或N+7=B+10→B=3，N=6，O=2

4. 如何种树

按下图的栽法，可使得16棵树形成15行，每行4棵。

5. 复杂的碑文符号

这个图可以经过13个转折一笔画成：

6. 变三角形

7. 比面积

三边是3，4，6的三角形的面积大。也许你还想去求两个三角形的面积，然后比较大小，可两者的面积不那么容易求。其实本题根本不用去求三角形的面积，3，4，6能构成一个三角形，它的面积不为0；而300，400，700不能构成一个三角形，只是一条长的线段，当然面积为0了。所以，三边是3，4，6的三角形的面积大。做题时，可要先好好分析一下题目哦！

8. 猜谜语比赛

不可能。6与3都是3的倍数，所以，最后的得分也应是3的倍数，而80与77都不是3的倍数。

9. 消失的颜色

绿色。这些圆圈的排列顺序为：开始是红色，接下来的是黄——蓝——绿，然后依照此顺序排列。

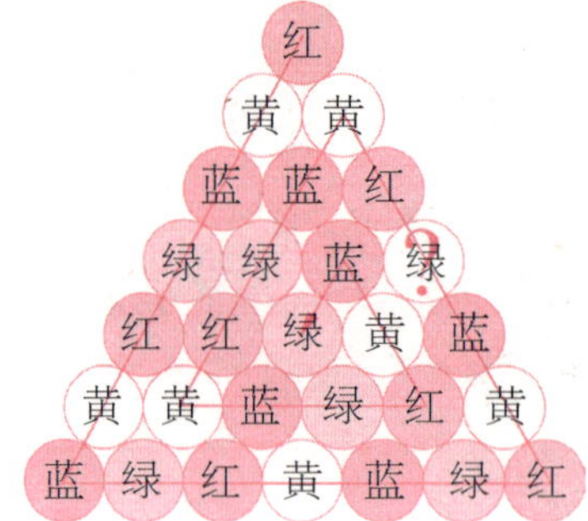

10. 三个数

1×2×3=6，

1+2+3=6。

11. 数字游戏

9	6	2	3	1	8	4	7	5
7	4	1	9	5	2	6	3	8
8	3	5	6	7	4	9	1	2
5	1	3	8	9	6	7	2	4
4	9	6	5	2	7	1	8	3
2	8	7	4	3	1	5	9	6
6	2	8	7	4	9	3	5	1
3	7	4	1	8	5	2	6	9
1	5	9	2	6	3	8	4	7

12. 地图

当走到只有左转或者右转两种选择的T字路口的时候，只要左转就行了。

13. 空白面积

比较就可以得知，第一幅图的空白面积大。

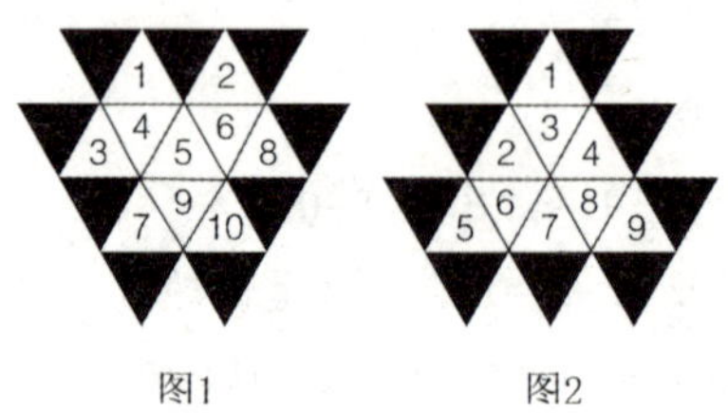

图1　　图2

14. 新增住户

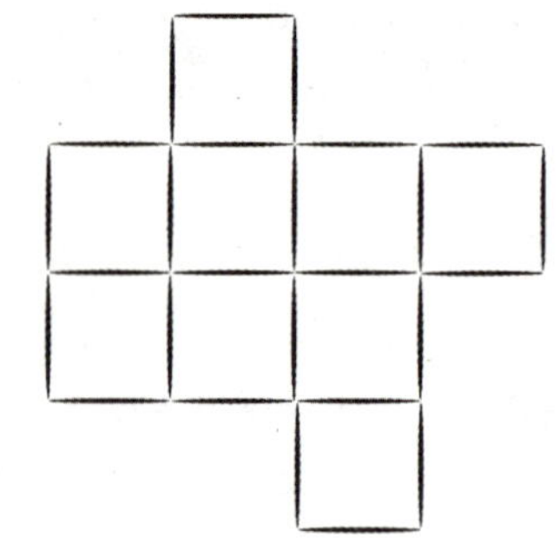

15. 星星之谜

11。观察发现，前面的星星中上面的3个数字之和减去下面2个数字之和就是中心的数字。

16. 隐藏的箭头

你已经找到了吗?

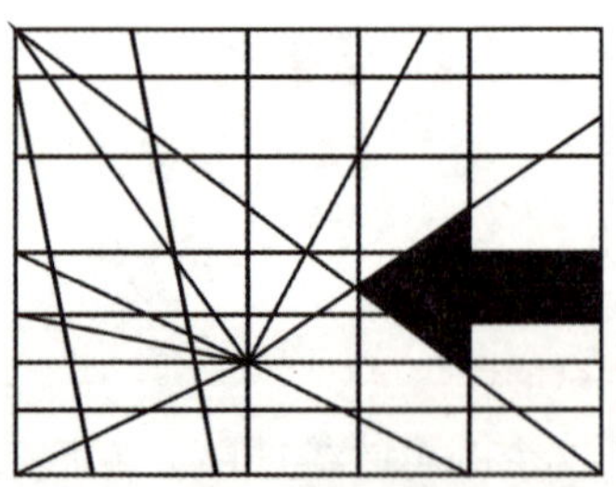

17. 五棵松树

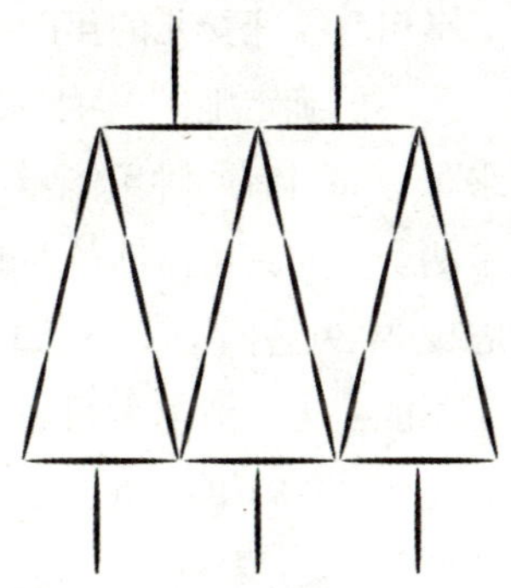

18. 有趣的类比

8。图中的方格被编以1~9的号，从左上角开始，先从左到右，再从右到左，最后又从左到右。

19. 分场地

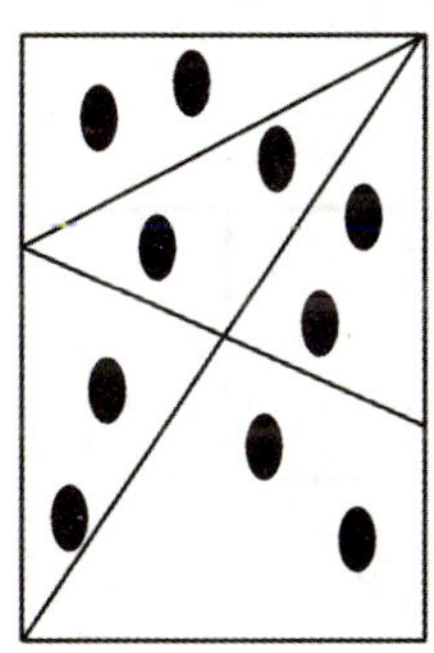

20. 黑白字母

应该是黑色。因为图中所有的黑色字母都能够一笔写完，而白色的字母却不能。

21. 复杂的判断

问题一的答案是B，问题二的答案是D。依据下面的图表，分清他们各自的关系，你就会一目了然。

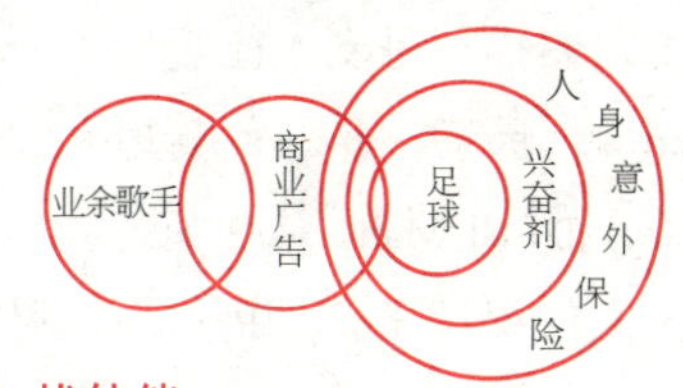

22. 找伙伴

23. 大家族

依婆婆的叙述，将这一家族的家谱列出即可明白，所谓家属七人，乃是两个女孩和一个男孩，以及他们的父母和祖父母。

24. 最后的弹孔

最后一枪的弹孔是C。后发射的子弹是射在玻璃上的，子弹被前面击碎的玻璃裂纹挡住停下。按顺序查一下，就知道子弹发射的顺序是D、A、B、C。

25. 不打自招

因为衣柜里放有樟脑丸。如果真像别墅主人所说，已两年没有在这里住过，那么放在衣柜内的樟脑丸早已挥发完了。

26. 爱因斯坦的谜题

挪威人住黄屋子，抽Dunhill，喝水，养猫；丹麦人住蓝屋子，抽Blends，喝茶，养马；英国人住红屋子，抽Pall Mall，喝牛奶，养鸟；德国人住绿屋子，抽Prince，喝咖啡，养鱼；瑞典人住白屋子，抽Blue Master，喝啤酒，养狗。所以答案是：德国人养鱼。

27. 排队买票

排队的顺序是：芬尼、杰尼、杰克、鲍勃、汤姆、沃克。

28. 掌心里的洞

你会发现好像左手的掌心有一个洞。这是一个错觉。右眼只是看到了纸筒的里面，而左眼却看到一只平平的手掌。而每只眼睛所接收的影像，都将在大脑里聚合成为一个立体影像，正如你所看到的那样。

29. 哪颗行星

还用问，当然是我们生活的地球了。只有在地球上，你不必穿太空服，太空中有没有别的行星能如地球般让你可以在其上自由生活，到目前为止应该说还没有找到。

30. 剪几刀

剪一刀即可。

31. 经理女儿的年龄

下属知道经理女儿的年龄乘积之后，还不能确定她们的年龄，就说明乘积为36时有两种可能。当经理说有两个女儿去学滑冰的时候，如果是2，2，9这种情况，显然2岁的孩子还不能去进行滑冰学习。所以只可能是有两个6岁的女儿去学滑冰了。答案应该是1岁、6岁和6岁，其中有一对双胞胎姐妹。

32. 计划有变

这是个巧答题，阿哈去时用了2倍的时间，也就是把原计划往返的时间全用了。这样，他即使飞着去也赶不及了。

33. 巧变单词

34. 库房保安

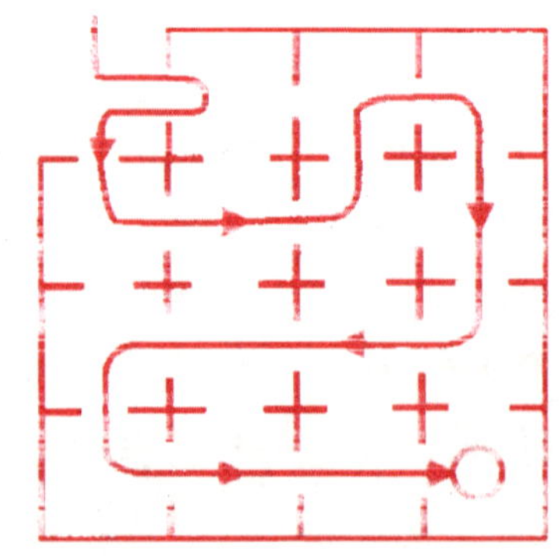

35. 聪明的蚂蚁

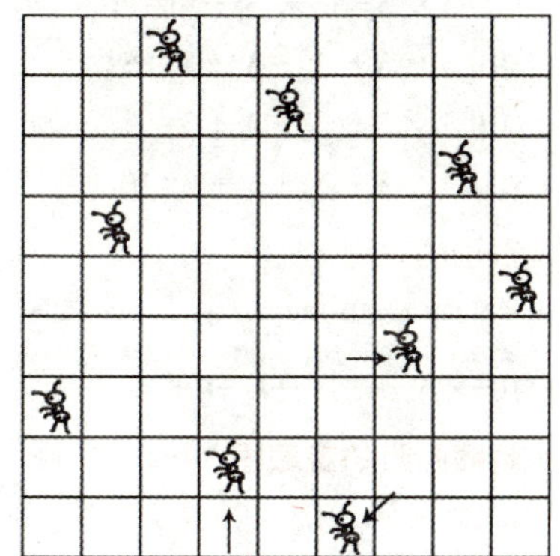

36. 一步之差

第一种方法是：3=22/7，但π=22/7更接近正确答案。

37. 巧换水瓶

将第2个瓶子的水倒入第7个瓶子，再将第4个瓶子的水倒入第9个瓶子里即可。

38. 音乐转灯

给那么多的条件只是为了迷惑你，请你仔细想一下，在一分钟后，它们各自刚好转了整数圈，肯定又会恰好对齐。

39. 真假命题

正确的答案应该是：想象力很丰富或缺乏生命力。原来的命题是用“但”连接前后两句的，所以否定句就改用“或”来连接。下面详细说明一下：假如只有“想象力很丰富”这个条件，原本的句子就不成立了。这时是否“充满生命力”也就不重要了。假如只有“缺乏生命力”这个条件，原本的句子也不成立。这时是否“想象力丰富”也就不重要了。两项都是对的，所以用“或”连接。

40. 错误的等式

可以将粉笔放在等号上面，变“等于”为“不等于”，或者是将粉笔竖起来放在等号前的“1”后面，变成小数点。

41. 巧变“88”

首先将图形沿着逆时针的方向旋转90°，然后移动两根火柴即可。如下图所示。

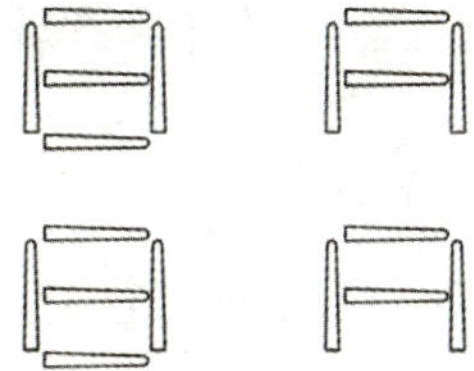

42. 排列规则

想不出来吧，其实非常简单，它们就是按汉语拼音读音的字母顺序排列的。

43. 多少个等边三角形

35个。你是不是有遗漏呢？

44. 回家的路

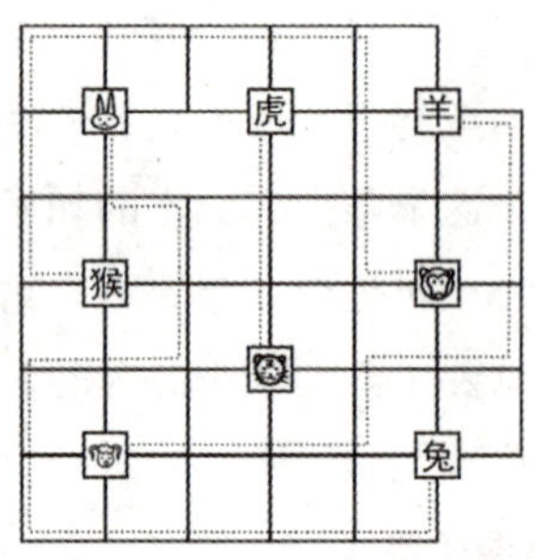

45. 水果拼盘

根据提示②可知，桂圆、荔枝、和香蕉一定是相邻的，因为牙签已经在1区上面，所以荔枝一定在3、4、5、6的某一区域上。根据提示①和③，如果荔枝在3和6区，那么桂圆和香蕉一定在两旁，这样就会留下三个相邻的区域给苹果、西瓜和橙子，这样提示①和③就不成立了，再深入分析可知荔枝必定会在5区。这样就可以知道所有水果的顺序：桂圆在6区，香蕉在4区，苹果在2区，西瓜在3区，橙子在7区，荔枝在5区。

46. 神奇的算式

(1) $(3+3)\div 3-3\div 3=1$；

(2) $3\times 3\div 3-3\div 3=2$；

(3) $3\times 3\div 3+3-3=3$；

(4) $(3+3+3+3)\div 3=4$；

(5) $3\div 3+3+3\div 3=5$；

(6) $3\times 3+3-3-3=6$；

(7) $3\times 3-(3+3)\div 3=7$；

(8) $3+3+3-3\div 3=8$；

(9) $3\times 3\div 3+3+3=9$；

(10) $3+3+3+3\div 3=10$。

47. 猴子的难题

猴子的线路是：1—7—9—2—8—10—3—5—11—4—6—12。

48. 暗藏陷阱的宝藏图

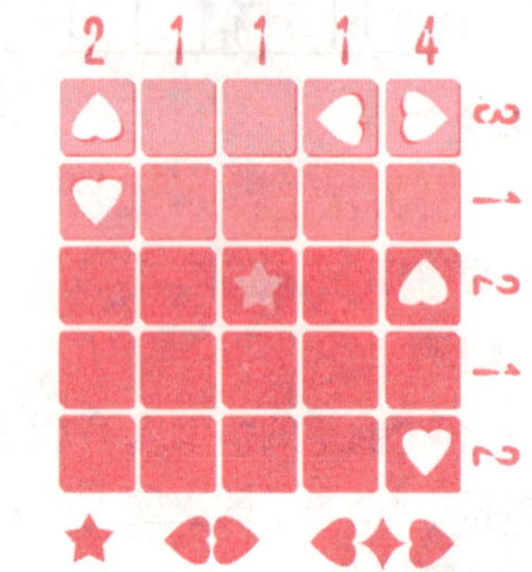

49. 大挂钟

55秒。钟敲了12下，但时间的间隔只有11下，所以为55秒。

50. 聪明的将军

如图所示：

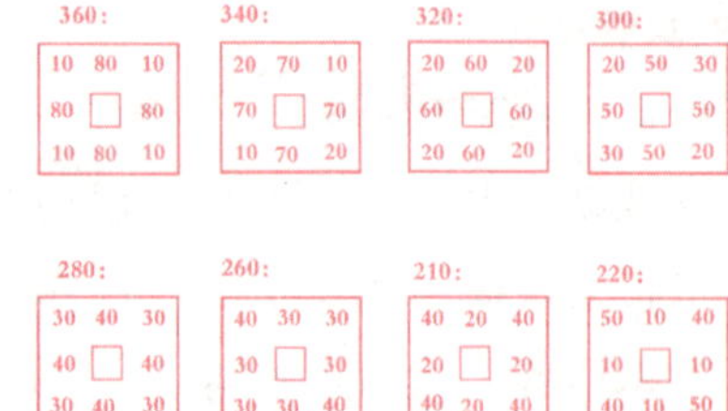

51. 摆牙签

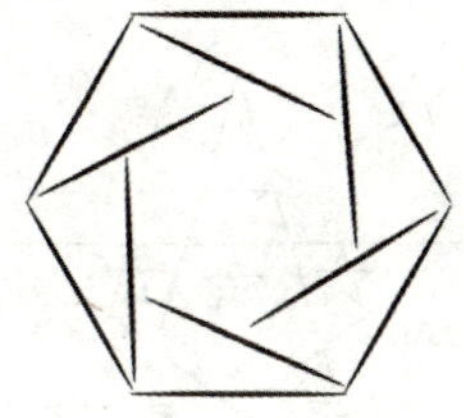

52. 有趣的棋盘

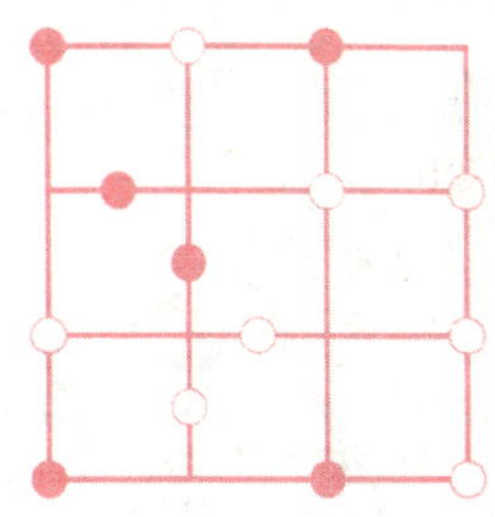

53. 你能改正确吗

54. 数字模板

空格中应填入*和#。这个数字模板实际上是电话机上的号码键。

55. 神奇的菱形

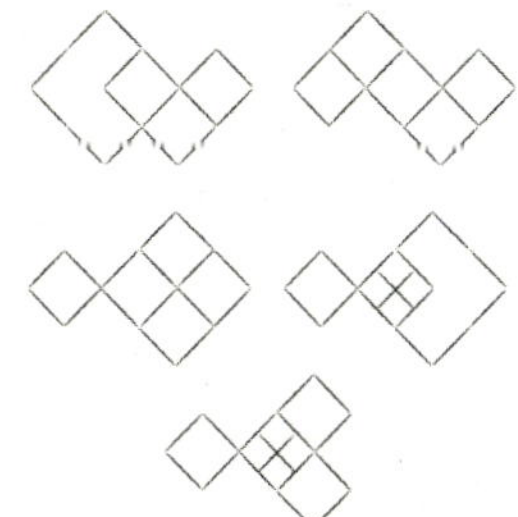

56. 问号处该填什么

这张图里的3种图案排列，由里到外形成一个旋涡状，排列的顺序依序如图所示：

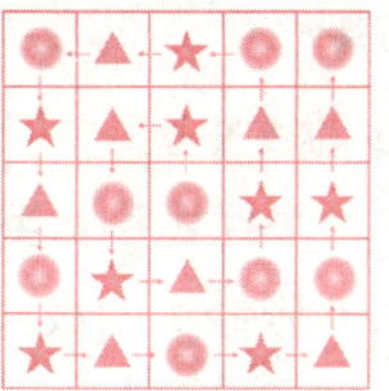

57. 魔术阶梯

第一条从上到下应放的卡片为：7、6、10、3、8；另一条为：2、4、1、9、5。

58. 巧妙的构图

D和E。

59. 蜻蜓点水

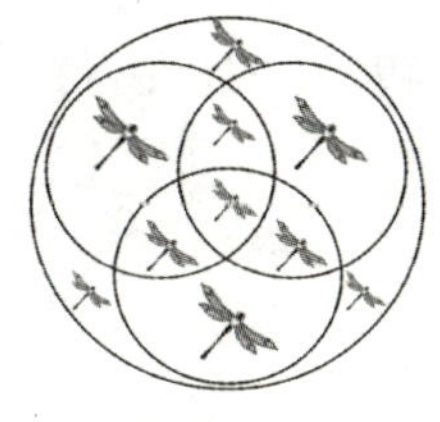

60. 小天才汤姆

我擦掉的数是7。其实秘密很简单，0到9这9个数相加等于45，是9的倍数，不管这10个数字怎样排列，得出的两个数，其和也是9的倍数。所以只要把答案中能看到的数字加起来，用与这结果最接近但比这结果大9的倍数一减，得到的数就是被擦去的数字。在此例中，3 + 9

+8+2+7=29，比29大的最接近9的倍数的数是36。所以，擦去的数为36-29=7。

61. 花最少的钱去考察

甲买一张经由南极到B市的机票，乙买一张经由南极到A市的机票，当他们两人在南极相会时，把机票互换一下，这样他们只花了800美元就到了自己的城市。

62. 吸管拼图

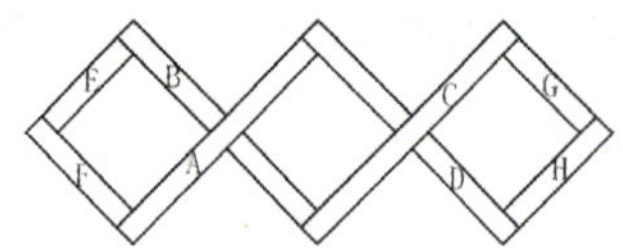

63. 找不同

答案是D。因为其余的图形都可以通过旋转其中的一个得到。

64. 满天星

65. 哪个圆大

两个是一样大的。

66. 由3变5

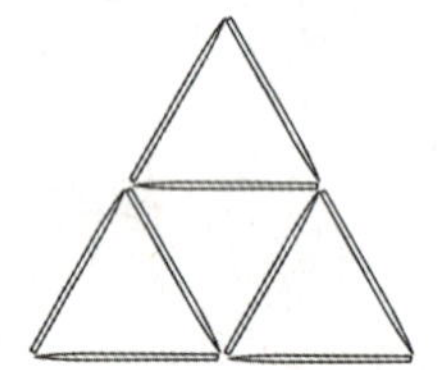

参考文献

[1]陈阳.1001个数学游戏[M].天津：天津科学技术出版社，2010.

[2]陈书凯.200个聪明人的数字思维游戏[M].北京：中国纺织出版社，2006.

[3]陈书凯.200个聪明人的逻辑思维游戏[M].北京：中国纺织出版社，2006.